AF355055

Gestión y liderazgo
en una empresa de seguros

Simón Mahfoud

con la colaboración de
Digna Peña

Gestión y liderazgo
en una empresa de seguros

Simón Mahfoud

Con la colaboración de
Digna Peña

Colección: GESTIONA

GESTIÓN Y LIDERAZGO EN UNA EMPRESA DE SEGUROS
1.ª edición, 2007

Edita
Marge Books
Avda. Alcalde Moix, 28
08207 Sabadell (Barcelona)
Tel. 931 429 486
marge@margebooks.com
www.margebooks.com

Director editorial
David Soler

Coordinación editorial
Laura Matos

Producción editorial
Miquel Àngel Roig

Compaginación
Alfons Gràcia

ISBN: 978-84-86684-75-4
Depósito Legal: B-48.164-2007

Índice

Capítulo 4
Volver a empezar

Capítulo 5
Un viaje en buena compañía

Agradecimientos

En todo proyecto, obra o trabajo, siempre tenemos como soporte a mucha gente, muchos amigos que de una u otra forma se involucran con uno y aportan una cuota en la realización de dicho trabajo.

Con frecuencia, esas personas se preocupan por tu profesión y por tu trayectoria, y aún sin que sepan con exactitud lo que uno hace en un momento determinado, son y seguirán siendo una de las motivaciones para que logremos las metas que nos proponemos en nuestras carreras.

En esta ocasión, tratándose de un proyecto profesional que, además, quiere ser una aportación a la sociedad, deseamos expresar nuestro agradecimiento a:

Dios, nuestro Divino Creador y principal compañero a lo largo de nuestra vida.

Mis padres, sostén principal de mi educación. Aunque hoy no están conmigo, los llevo en mi mente y en mi corazón todo el tiempo. Ellos siempre han sido mi defensa ante los problemas.

Mis hermanos, son mi sangre y mi eterna debilidad. Aunque las responsabilidades cotidianas nos separen, son el marco de unión con nuestros padres ya desaparecidos.

Mi esposa y mis hijos, compañeros latentes de mi caminar y motivación fundamental de mi carrera y mis sueños.

La Nacional de Seguros, CxA, la empresa que me dio abrigo recién graduado por la universidad y que fue para mí, y para todo el sector en República Dominicana, un emblema que proteger y seguir en la carrera de los seguros.

Felipe Mendoza, la persona que, probablemente, más me ayudó a construir un liderazgo y me apoyó en mis primeros pasos en el seguro.

Manuel Lara, por su confianza y su apoyo, y por constituir en poco tiempo de relación un mentor inigualable. Se incorporó en mi vida y en mi carrera en uno de los momentos más importantes de ésta.

Mi equipo de trabajo, así como lo nombro, «mi equipo de trabajo», mucho más que un grupo de mujeres y hombres, son una filosofía, un grupo de hermanos, de amigos, que han podido desarrollar un mismo estilo de trabajo y que son un ejemplo de entusiasmo y honestidad.

Leonor y Karla, dos seres humanos ejemplares, dos profesionales a carta cabal, pilares en mi vida profesional; sin duda alguna, juntas han constituido una de las plataformas fundamentales del éxito que haya podido lograr.

Nuestros clientes, nuestros corredores y agentes, los que siempre han creído en mí y en mi filosofía, depositando su confianza en nuestras palabras y nuestros hechos. A todos ellos mil gracias, porque son la motivación para escribir estas notas de mi carrera y de la industria del seguro.

Prólogo

Algunos tratadistas, refiriéndose a los países del Tercer Mundo, dicen que «más que países subdesarrollados, deben considerarse países subadministrados», opinión que comparto, ya que esto ha formado parte de mis vivencias en el mundo de la gerencia. Cuando se va a iniciar algún proyecto es imprescindible contar con el equipo gerencial que lo va a dirigir. Esto resulta con f recuencia más prioritario que disponer del capital y de los demás recursos. Muchas empresas no pueden iniciarse o no logran desarrollarse por no contar con un equipo gerencial eficaz. De esto trata este libro.

Esta actividad posee sus propias regulaciones y formas de organización. En República Dominicana, la normativa vigente es la Ley 146-02 sobre Seguros y Fianzas, que confiere al Estado, a través de la Superintendencia de Seguros, el hecho de velar por el correcto funcionamiento de todas las personas físicas y jurídicas dedicadas a la actividad aseguradora.

La lectura de esta obra trasciende el campo de los seguros y se convierte en una importante guía para quienes dirigen o aspiran a dirigir una empresa o el Estado.

Si nos circunscribimos al sector de los seguros, este aporte de Simón Mahfoud será lectura obligada de aseguradores, reaseguradores, asegurados, supervisores y reguladores del sistema, dueños, gerentes y empleados, corredores y agentes y de todos los que directa o indirectamente estén vinculados o deseen relacionarse con el mundo de los seguros.

La obra recoge la dinámica de los cambios que han incidido en el negocio de los seguros en el mundo y en particular en República Dominicana. Revisa la reformulación de la metodología y el sistema de seguros, que pasó de centrarse en los aspectos técnicos a concentrarse en la búsqueda de soluciones integrales a las necesidades del cliente. Recrea el nuevo modelo que convirtió al especialista en seguros que manejaba temas muy específicos, en un representante de negocios capaz de dar soluciones a las necesidades de sus clientes.

Este libro se centra, como parte del ejercicio de gestión y liderazgo, en analizar los diferentes modelos gerenciales y enfrenta el modelo gerencial-racional versus el modelo de gerencia-emocional. Mahfoud se inclina claramente hacia el modelo que privilegia la relación entre el gerente y su equipo, en el cual predomina el interés por la gente. Vale afirmar que si bien es cierto que, para triunfar, los negocios deben estar orientados hacia sus clientes, esto no es válido si el gerente no se interesa previamente por los interlocutores directos del cliente.

Las disquisiciones de este prólogo nos invitan a reflexionar sobre el país y el mundo en el que vivimos, sobre el mercado globalizado que, con tanta pasión, defienden los economistas liberales. Un mundo donde predomina el modelo racional, que se interesa esencialmente por el rendimiento y las utilidades de las empresas, con el pretexto de que para distribuir beneficios, primero hay que acumular riquezas. Sin embargo, con demasiada frecuencia empresarios y estadistas olvidan el segundo paso, el de distribuir las riquezas con equidad. Algunos compartimos la idea de que la distribución de los bienes puede llegar con tanto retraso que existe el riesgo de encontrar a los seres humanos en un estado de inanición, pero esta actitud también puede impulsar a los pueblos a que recurran al supremo recurso de la rebelión.

El colofón de este valioso aporte a la literatura gerencial del país y de América puede convertirse en una llamada de atención a la clase empresarial y política. En la era actual muchos proyectos empresariales nacen y desaparecen. El sector financiero y de seguros ofrece ejemplos dramáticos de este fenómeno, aupado a veces por coyunturas de bonanzas y otras veces por crisis devastadoras. En el mundo empresarial, y en este sector en particular, muchos cuentan con capital, mercado, productos y servicios adecuados, pero pocos disponen de los equipos gerenciales dotados de las cualidades que Simón Mahfoud resalta en esta obra y que al mismo tiempo exhibe en su historial: la seriedad, la transparencia, la habilidad para dirigir equipos, la capacidad para reconocer y compensar al personal y la visión de compromiso con la sociedad y el país.

Gracias, señor Mahfoud, por este valioso aporte al desarrollo de la nación. Mi agradecimiento por la generosa oportunidad de escribir este introito. Gracias al amigo y compañero de pasadas jornadas gerenciales y de próximas jornadas que seguramente compartiremos en proyectos de compromiso con los mejores intereses del país.

Manuel Lara Hernández

Introducción

Este libro se dirige a dos importantes áreas de la administración de empresas: la gestión y el liderazgo. La gestión de los recursos y el liderazgo de las personas, situando ambos conceptos en la actividad del sector asegurador.

Este sector constituye un ámbito estratégico para amplios segmentos sociales y de las actividades productivas, económicas y comerciales. Las primas mundiales del seguro ascendieron a 3,723 billones de dólares: 2,209 en el negocio de vida y 1,514 en el resto en el año 2006. En Latinoamérica y el Caribe, la actividad aseguradora reportó un total de primas de 72.000 millones de dólares, con un crecimiento cercano al 10 %. En República Dominicana, la penetración del seguro per cápita fue en 2006 de 200 millones de dólares, lo que representó cerca de un 2 % del PIB.

La iniciativa de escribir esta obra surgió de considerar la importancia y los resultados económicos de la actividad aseguradora en República Dominicana. Nos pareció necesario escribir un libro que aportara información sobre la estructura, organización, regulación y evolución del seguro, tomando como referente una experiencia profesional enfocada en la gestión de empresas aseguradoras. Éstas son la plataforma sobre la que se sustenta la entrega del seguro como servicio y el eje dinamizador del mercado. Sin embargo, muy poco se ha escrito sobre las mismas, así como sobre las relaciones y dependencias que establecen con su entorno.

El estilo narrativo escogido nos permite describir una experiencia en la gestión de tres importantes empresas del mercado asegurador dominicano: Compañía Nacional de Seguros, Seguros Banreservas y Sol Seguros, en un período que comprende desde el año 1983 al 2006.

Los cinco capítulos de que consta el libro se inician con una breve presentación, tras la que el lector halla el relato de una experiencia profesional y humana y una visión de la evolución de distintas realidades empresariales. Este relato se amplía con numerosas tablas, figuras y diversos textos acompañados de definiciones, estadísticas y notas que facilitan un mejor conocimiento de los casos que se describen y del sector asegurador.

En el primer capítulo, dedicado al seguro como sector estratégico, se explican los conceptos clave de la función social de la actividad aseguradora, su organización, regulación y gestión, entendiendo su naturaleza, ciclo de operaciones y fuente de beneficios. Se ofrece, además, una visión de la función del corredor de reaseguros y del reasegurador.

El capítulo dos nos acerca a la experiencia de una empresa de seguros emblemática: Compañía Nacional de Seguros. Aquí, se recorre la historia del seguro y la economía dominicana durante el período 1980-2001. Se explica cómo esta empresa pudo mantener su liderazgo durante una década gracias a la innovación, la apuesta continua por la mejora de la calidad de sus servicios y la implicación de sus trabajadores, socios y clientes. Esta empresa marcó un antes y un después en la manera de entender la gestión de los seguros en República Dominicana.

«Cambio de rumbo», título del capítulo tres, describe el cambio que experimentó el sector de los seguros, la economía dominicana e internacional y la forma de hacer negocios a partir de 2001. Se explica cómo el saber hacer y el aprovechamiento de las oportunidades conducen un proyecto al éxito. Se describe el nacimiento de una aseguradora que, en menos de tres años, alcanzó la segunda posición del mercado. Conoceremos cómo se organizó la empresa, cuál fue su despliegue estratégico, cómo se configuró su equipo y cuál fue el estilo de liderazgo que convirtió a una empresa estatal en una organización administrada con los criterios propios de una empresa privada en un período poco favorable.

El capítulo cuatro, «Volver a empezar», relata el desarrollo de una empresa en su mercado. El equipo de personas que hizo posible el posicionamiento de Seguros Banreservas aceptó el reto de reconducir a Sol Seguros, una empresa que llevaba muchos años en el mercado y que se posicionó a finales de 2006 entre las diez primeras empresas de seguros. Aquí, se abordan los aspectos más destacables de la gestión de esta empresa que apuesta por la gestión de la calidad de su servicio, tomando al cliente como eje de sus operaciones. Para hacer viable su propuesta empresarial, Sol Seguros se apoya en el equipo de profesionales de seguros más prestigioso del mercado dominicano.

Por último, «Un viaje en buena compañía» está dedicado a la gestión de equipos de alto desempeño y a su liderazgo. Aquí, se tiene muy en cuenta la experiencia de las personas que formaron parte de distintos equipos de trabajo en las empresas citadas en esta obra, y que han aportado su visión particular sobre lo que significa el trabajo en equipo. El lector encontrará en este capítulo respuestas a muchos interrogantes referentes a la figura del líder y al liderazgo.

SIMÓN MAHFOUD y DIGNA PEÑA

GESTIÓN y LIDERAZGO
en una empresa de seguros

SIMÓN MAHFOUD

---

con la colaboración de
DIGNA PEÑA

Capítulo 1

Un sector estratégico

Las actividades humanas, por muy diferentes que sean y por muy distintos que parezcan los motivos que las impulsan, tienden todas a sustentarse en unos procesos, métodos y recursos que interaccionan entre sí y garantizan la consecución de unos objetivos trazados de antemano.

Esto es así desde el umbral de la civilización y ha sido una constante en todas las culturas, si bien desde entonces la interacción entre esos elementos ha ido ascendiendo en grados de sofisticación y complejidad.

Si observamos el caso de la sufrida movilidad de las personas en las grandes ciudades, por ejemplo, aunque los sistemas actuales parecen distar mucho de los que utilizaban para trasladarse hace más de dos mil años los ciudadanos de la antigua Roma, ambos conservan unos denominadores que los igualan en lo esencial: existe un proceso que se desarrolla de forma ordenada (la planificación urbana, el desarrollo de infraestructuras viarias, los itinerarios, la ejecución del traslado, etc.); un método (las normas de circulación); y unos recursos (los vehículos privados o públicos, entre otros).

Como compensación, el crecimiento de la complejidad de las actividades asociadas al desarrollo de la civilización, con mayor énfasis en las sociedades más desarrolladas tecnológicamente, se acompaña de un incremento del valor *del producto final de dichas acciones. Sin embargo, la complejidad también se asocia con un mayor índice de incertidumbre en cuanto al logro final de los objetivos deseados.*

Es por este motivo que en nuestra sociedad crece de forma progresiva la importancia de los recursos que se destinan a garantizar dichos logros. Entre éstos destacan dos elementos por encima de cualesquiera otros: los sistemas de calidad y los que minimizan los riesgos asociados a la actividad que se lleva a cabo, es decir, los que reducen los escenarios de incertidumbre.

Como se ha dicho en la introducción, este libro trata sobre un sector cuya función es minimizar los riesgos de las actividades humanas, lo cual confiere a este sector un carácter estratégico para amplios segmentos de la sociedad y de la actividad productiva, económica, comercial y social de los países.

Los antecedentes de estos deseos de calidad y seguridad podemos encontrarlos entre numerosos referentes en las transacciones comerciales que se llevaban a cabo en la antigüedad, pero fue en la Europa medieval y especialmente en el ámbito del Mediterráneo donde alcanzaron una mayor concreción, mediante instituciones como los Consolats de Mar (consulados marítimos), instituciones que regulaban la actividad comercial marítima. El más destacado, el Consolat de Mar de Barcelona, dependiente del municipio, generó tal cantidad de legislación y jurisprudencia que publicó el Llibre del Consolat de Mar, *considerado uno de los códigos legislativos de derecho marítimo más influyentes de todos los tiempos y traducido a numerosas lenguas: sólo en Venecia, a lo largo del siglo XVI, se alcanzaron doce ediciones.*

En el último tercio del siglo XVII apareció el mundialmente conocido Lloyd's de Londres, en el café de Eduardo Lloyd, lugar donde se reunían los armadores y aseguradores marítimos de finales de siglo XVII de esa ciudad. Durante el siglo XVIII la suscripción del seguro marítimo se convirtió en un negocio especializado y Lloyd's creció en volumen e influencia, ya que los suscriptores marítimos y los comerciantes se asociaron para desarrollar las actividades de Lloyd's.

Con el desarrollo industrial, los métodos de trabajo y las formas de inversión que adquirieron las empresas, se hizo más patente la necesidad del seguro, hasta convertirse en el ineludible instrumento financiero que es en la actualidad en las economías de todos los países del mundo.

Es en este contexto donde cobran especial relevancia los modelos de gestión que llevan a cabo las empresas aseguradoras. No sólo porque de ellos depende la eficiencia de sus acciones y los resultados económicos para sus accionistas, sino por la responsabilidad que asumen ante el conjunto de la sociedad y, muy especialmente, ante sus asegurados.

Los modelos de gestión no se improvisan y tampoco se producen en el laboratorio, sino que son resultado de la investigación, el análisis y la experiencia, es decir, del conocimiento.

Este capítulo se va a dedicar a aproximarnos al sector de los seguros de la mano de Simón Mahfoud. Sus explicaciones se acompañan de datos que ofrecen una amplia visión del sector asegurador y de la importancia que éste tiene en el desarrollo de República Dominicana.

* * * * * *

En noviembre del año 1983 tuvo lugar mi primera incursión en el mundo del seguro. Empecé colaborando con la Compañía Nacional de Seguros, filial del Grupo Financiero Nacional en calidad de inspector de riesgos.

En ese momento, la Compañía Nacional de Seguros era la segunda empresa aseguradora en importancia y la de mayor prestigio del país.

Aunque mi preparación como ingeniero electromecánico me confería algunas facultades para entender los riesgos y las averías que pudieran sufrir las maquinarias, mis conocimientos en seguros eran sumamente escasos. La compañía me ofreció la oportunidad de completar mi preparación técnica, especializándome en seguros de ingeniería.

Esos primeros pasos me permitieron ver que el sector asegurador comprende al conjunto de empresas dedicadas a la actividad de seguros y que son estas empresas las que a través de sus distintas formas de organización, personalidad jurídica, estructura de servicios, operaciones, etc., nutren una actividad que reporta beneficios en el orden económico, financiero y social de los países.

Por ello, cuando alguien se refiere a la actividad aseguradora, se está refiriendo al seguro, a la empresa o al intermediario que le ofrece este servicio.

Lo cierto es que el seguro es una actividad que puede ser fácilmente entendida por la mayoría de las personas, si bien a veces se acompaña de tecnicismos legales y finan-

INDICADORES DE INTERMEDIACIÓN FINANCIERA, SEGUROS Y ACTIVIDADES CONEXAS

				Tasa de crecimiento (%)	
Concepto	*2004*	*2005*	*2006**	*2005-2004*	*2006-2005*
Valor añadido (millones RD$, a precios de 1991)	7,759.1	8,139.4	9,963.5	4.9	22.4
Primas cobradas por las compañías de seguros (millones de RD$)	14,546.4	14,418.6	17,174.8	(0.9)	19.1
Personal ocupado intermediación financiera y seguro	28,581	29,426	30,353	3.0	3.2

*Cifras preliminares.

Fuente: Superintendencia de Seguros. Universo de las Instituciones Financieras.

Tabla 1.1.

Principales indicadores de intermediación financiera, seguros y actividades conexas en República Dominicana.

cieros que dificultan la comunicación de las aseguradoras con sus clientes. Las compañías deben de hacer un esfuerzo en este aspecto, puesto que no es suficiente que los periódicos publiquen los resultados económicos del sector. La información que debe llegar al lector ha de servir para entender cómo funcionan las empresas de seguros, qué riesgos asumen, cómo están organizadas, cuál es su papel dentro de la economía, y el impacto de la asistencia del reasegurador internacional.

La actividad aseguradora

Es una actividad muy peculiar, con características especiales y complejas relacionadas con la prestación de servicios como consecuencia de la asunción de riesgos económicos. Estos riesgos pueden ser de distinta naturaleza y se manifiestan como consecuencia de los cambios del medio ambiente, del entorno social, económico, tecnológico, legal y político.

Esta actividad posee sus propias regulaciones y formas de organización. En República Dominicana, la normativa vigente es la Ley 146-02 sobre Seguros y Fianzas, que confiere al Estado, a través de la Superintendencia de Seguros, el hecho de velar por el correcto funcionamiento de todas las personas físicas y jurídicas dedicadas a la actividad aseguradora.

La actividad aseguradora es uno de los principales componentes del engranaje económico y financiero de los países. Su impacto en la economía y en el crecimiento del

PENETRACIÓN DEL SEGURO CON RESPECTO AL **PIB**

Año	*Porcentaje de penetración*	*Prima* per cápita *US$ millón*
1998	1.70	29.0
1999	1.89	39.0
2000	2.02	47.2
2001	2.18	53.1
2002	2.42	60.4
2003	2.43	45.7
2004	2.05	41.3
2005	1.62	52.5

Fuente: Sigma-Suiza de Reaseguros.

Tabla 1.2.
Crecimiento de la actividad aseguradora en República Dominicana durante el período 1998-2005.

PIB de un país la sitúan como una de las actividades más significativas, no sólo por su aportación económico-financiera, sino también porque es una actividad que cumple una función social, al cubrir a través de sus distintas formas de organización las necesidades de protección ante eventualidades imprevisibles y fortuitas.

En República Dominicana, la actividad de intermediación financiera, seguros y actividades conexas mostró un incremento en su valor añadido del 22.4 % en el año 2006 (véase la tabla 1.1).

En ese período, las compañías de seguros mantuvieron un nivel de crecimiento de dos dígitos en las primas netas cobradas, hecho que permitió que este indicador registrara una expansión del 19.1 % durante ese año.[1]

Durante el período que abarca desde abril de 2004 a octubre de 2006, destacó el crecimiento del empleo en las actividades financieras y de seguros, del orden de 10,330 nuevos puestos de trabajo.[2]

Por otro lado, la tabla 1.2 muestra la penetración gradual de la actividad aseguradora en el país durante el período 1998-2005, con una ralentización en 2004 y 2005, por los ajustes de valores asegurados llevados a cabo por las aseguradoras para hacer frente a la fuerte depreciación del peso dominicano frente al dólar.

La función de la actividad aseguradora

Algunos autores establecen dos grandes subactividades para referirse a la actividad aseguradora: la de la seguridad social y la de las empresas de seguros. La primera tiene un carácter estatal y de amparo colectivo, mientras que la segunda es de carácter privado y está sujeta a la necesidad individual de una persona u organización.

En este sentido, cuando se quiere explicar cómo se organiza la actividad para cumplir su función, es necesario entender que ésta se vale de varios mecanismos de prevención, previsión, ahorro y protección, provenientes de las distintas interrelaciones con otros organismos ajenos al sector asegurador, que le ayudan a cumplir su función económica, financiera y social.

Como se observa en el esquema de la figura 1.1, la función social del seguro se manifiesta a través de la seguridad social y de las entidades dedicadas a la actividad ase-

---

[1] Véase el *Informe de la economía dominicana 2006,* Banco Central de República Dominicana, págs. 24 y 25.
[2] Ibid. p. 31.

guradora. En el sistema de seguridad social, el Estado ejerce una función tutelar, regula las bases y estructuras de las distintas prestaciones y garantías, y asume el riesgo en forma total o parcial. La estructura del sistema de seguridad social en República Dominicana está compuesto por las administradoras de fondos de pensiones y las de riesgo y provisión de servicios de salud y riesgos laborales. Estas entidades son reguladas a través de la Superintendencia de Pensiones y la Superintendencia de Salud y Riesgos Laborales.

En cuanto a los seguros, el Estado, a través de la Superintendencia de Seguros, regula las operaciones de las empresas de seguros, reaseguros, intermediación y peritaje de siniestros. La entidad representativa del sector, la Cámara Dominicana de Aseguradores y Reaseguradores (Cadoar), cumple la función de apoyar la actividad aseguradora privada y colabora con las instituciones públicas y privadas en cuestiones legislativas y técnicas, contribuyendo asimismo a la difusión y al desarrollo de la actividad aseguradora en el país.

Tanto el sistema de seguridad social como el de seguros obedecen a estructuras de organización y normativas diferentes, aunque en el fondo cumplen una función económica y social a través de la prestación de servicios que salvaguarden y protejan la vida de las personas y de sus bienes. La vinculación que existe entre estos sistemas radica en la finalidad de su gestión.

Existe una marcada relación entre ambos sistemas, porque las empresas de seguros tienen la facultad de asumir riesgos que son competencias del sistema de seguridad social, como son los seguros de salud o de accidentes personales para el plan básico de salud a través de sus empresas subsidiarias de administración de riesgos de salud.

Según el artículo 55 de la Ley 87-01, las aseguradoras que ofrezcan seguros de vida a los afiliados y rentas vitalicias a los pensionados y jubilados, serán autorizadas y estarán reguladas por la Superintendencia de Pensiones, de común acuerdo con la Superintendencia de Seguros.

¿Qué es el seguro?

Para referirnos al seguro, es conveniente definir primero qué es el riesgo, ya que el seguro es una respuesta a la necesidad de gestionar el riesgo.

El riesgo

El *Diccionario de la Real Academia de la Lengua Española*[3] lo define como la «contingencia o proximidad de un daño» y como «cada una de las contingencias que pueden ser objeto de un contrato de seguro».

---

[3] *Diccionario de la Real Academia de la Lengua Española,* www.rae.es.

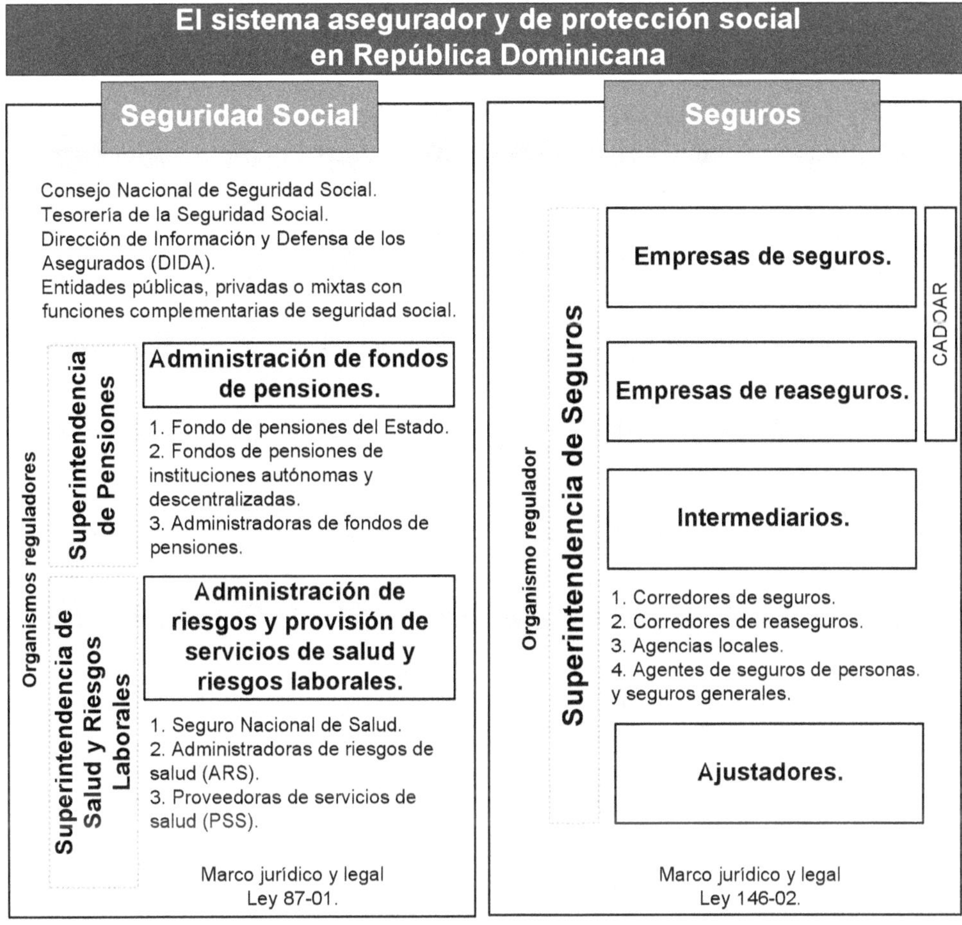

Fuente: Ley 87-01 que crea el Sistema
Dominicano de Seguridad Social.

Fuente: Ley 146-02 sobre Seguros y Fianzas.

Figura 1.1.
Estructura del sistema asegurador y de protección social en República Dominicana.

En el contexto del sector asegurador, el riesgo es la posible ocurrencia de un acontecimiento que produce un daño (el siniestro) y la necesidad económica correspondiente. Esta necesidad se previene y garantiza mediante una póliza que obliga al asegurador a efectuar una prestación, normalmente con indemnización económica.

Las garantías que ofrecen las aseguradoras para cubrir estas contingencias se llevan a cabo a través de las distintas modalidades de seguros que existen.

El seguro

El seguro es el objeto de la actividad aseguradora. Es el instrumento mediante el cual la entidad de seguro puede cumplir su función social y económica.

El mercado de seguros dominicano

El mercado dominicano lo conforman las empresas de seguros de capital nacional y extranjero que llevan a cabo la actividad de seguros en el país, así como los intermediarios (agentes y corredores) y reaseguradores.

La actividad de seguro se reconoció legalmente el 6 de julio de 1900 por medio de la Ley 4046. A partir de este momento, se concedieron las primeras licencias de agentes o representantes de seguros de vida, de incendio y marítimo. Entre estas primeras licencias se encuentra la otorgada en 1919 a los hermanos daneses Louis y Bjarme Preetzman Aggerholm, que, a través de la firma L. Preetzmann Aggerlhom, empezaron a operar como agentes de seguros en 1923, que unas décadas más tarde pasó a denominarse Compañía Nacional de Seguros (1964).

No fue hasta 1926 cuando se constituyó la primera empresa de seguros dominicana, La Caridad, cuyo ámbito de operación se limitaba a los ramos de vida y accidentes. Más tarde, en 1930, se promulgó la Ley 68 mediante la cual se estableció el marco legal sobre el que regular la actividad aseguradora del país y el organismo de la Administración pública a cargo de supervisar dicha actividad: la Superintendencia de Seguros.

A partir de este momento, se autorizó a las empresas de capital extranjero para que pudieran operar en los ramos de vida, incendio y riesgos catastróficos. Entre las primeras empresas que lo hicieron podemos citar a Alliance Assurance, Union Assurance Co., Confederación del Canadá, Pan-American Life Insurance Co., Sun Life Assurance, Caledonian Insurance, The Manufacture Life Insurance Co. y Yorkshire Insurance Company.

En 1932 se creó mediante el Decreto 544 la primera empresa de capital domini-

---

El seguro es un servicio de carácter económico-financiero, cuyo fin es transformar los riesgos a que están sometidos las personas, las empresas, los patrimonios, etc., en un gasto periódico que sea soportado fácilmente por éstos.

El mismo diccionario de la lengua ofrece varias acepciones sobre esta palabra. La define como «libre y exento de todo peligro, daño o riesgo» y también como «contrato por el que alguien se obliga mediante el cobro de una prima a indemnizar el daño producido a otra persona, o a satisfacerle un capital, una renta u otras prestaciones convenidas».

El seguro es una actividad que tiene un marcado acento económico financiero, pues percibe una prima cuya contraprestación suele consistir en una masa económica (indemnización) y además logra la redistribución de capitales, al hacer que un elevado número de unidades patrimoniales puedan ser afectadas por los siniestros que se produzcan en cualquiera de ellas.

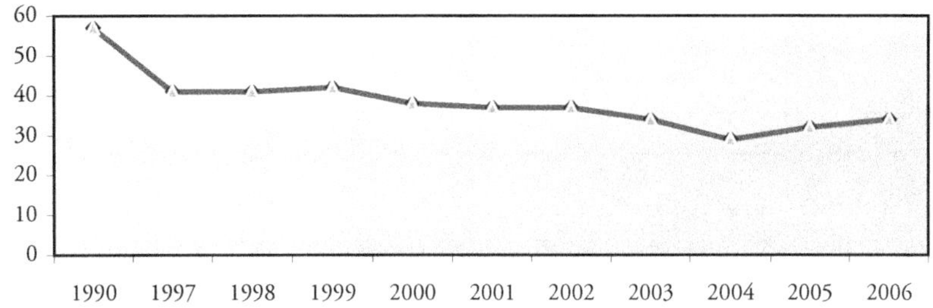

Figura 1.2.
Evolución del mercado dominicano en relación con el número de empresas de seguros.

cano, Seguros San Rafael, que en sus inicios operó con los seguros de accidentes de trabajo y luego fue ampliando su oferta a otros ramos.

En las décadas de 1960 y 1970, surgieron otras empresas de seguros de capital nacional y empresas reaseguradoras, como la Compañía Nacional de Seguros, la Universal de Seguros, Seguros América, la Colonial de Seguros, la Reaseguradora Hispaniola, la Confederación del Canadá Dominicana, etc., que se abrieron paso en un mercado con muchas perspectivas de crecimiento.

El sector de seguros mostraba en 1980 un crecimiento de un 22.20 % con respecto al crecimiento promedio de 1975-1979. Esto hacía el sector asegurador muy atractivo para nuevos inversionistas. De ahí que la Superintendencia de Seguros aprobara la implantación de unas 18 compañías de seguros adicionales, con lo que se pasó de 39 empresas de seguros (1979) a unas 57 (1990).

Lo cierto es que estos nuevos competidores, muchos de los cuales poseían escasos

---

También tiene un marcado acento social al ayudar a las personas, a las empresas e industrias como elemento de previsión y ahorro de posibles pérdidas ante la ocurrencia de cualquier contingencia.

El seguro presta otros servicios, aparte de hacer frente a los riesgos patrimoniales de los individuos, como son la asistencia técnica (prevención y protección contra incendios), asistencia judicial (responsabilidad civil), asistencia médica, quirúrgica, etc. (accidentes personales, seguros de salud), ayuda para el ahorro (modalidades de seguro de vida y planes de pensiones), etc.

El objeto del seguro es la compensación del perjuicio económico experimentado por un patrimonio a consecuencia de un siniestro.

Aparte de este sentido, que puede identificarse con la finalidad del seguro, el objeto del seguro, en su aspecto contractual, es el bien material vinculado al riesgo sobre el que recae la indemnización (una maquinaria, un automóvil, etc.). La clasificación del seguro,

Contrato de seguros. Personas que intervienen	Seguros de personas		Seguros generales
	Individual	Colectivo	
Asegurador	Empresa de seguros		
Asegurado	Persona cubierta en la póliza.	Colectivo de empleados o asociados.	El que suscribe la póliza y tiene derecho al cobro de las indemnizaciones.
Contratante	El que suscribe el seguro.	Empresa que contrata el seguro.	
Beneficiario	El que recibe la indemnización.		
Tercero-perjudicado*			Persona moral o física que sufre un daño a consecuencia de un siniestro.

* No es una parte del contrato de seguros, pero en determinadas coberturas se hace referencia a cubrir daños de terceros.

Tabla 1.3.
Partes que intervienen en un contrato de seguros.

conocimientos sobre el sector, sólo lograron en el mejor de los casos reducidas cuotas de participación. Su falta de conocimiento técnico y comercial del negocio, su escaso poder de negociación con los reaseguradores y que un número reducido de compañías de seguros concentraran el mayor volumen de primas, hizo que muchas de ellas desaparecieran o fueran adquiridas por otras empresas en los años posteriores.

En cuanto al número de empresas del sector, se puede ver que las variaciones han sido significativas, si se toma como referencia el año 1990 (véase la figura 1.2).

A partir del año 2001, estas variaciones se deben principalmente al proceso de

es decir, los tipos de seguros, agrupan las diversas modalidades de coberturas en función del objeto asegurado; así, nos encontramos con seguros de riesgos personales, como vida, seguros industriales, como avería de maquinaria, etc.

El contrato de seguro

Los aspectos contractuales del seguro se detallan en el contrato de seguro que es el documento o la póliza suscritos con una entidad aseguradora en el que se establecen las normas que han de regular la relación contractual entre ambas partes (asegurador y asegurado), especificándose los derechos y las obligaciones respectivos.

El asegurador se obliga mediante el cobro de una prima a indemnizar al asegurado en caso de producirse un daño, dentro de lo pactado, o a satisfacer un capital, renta u otra prestación.

El contrato de seguros se fundamenta en el principio de buena fe que obliga al ase-

PRIMAS COBRADAS 1997-2006

	Top *10 (RD$)*	*Otras (RD$)*	*Total de primas (RD$)*	*Porcentaje participación* Top Ten
1997	2,867,134,832	474,912,341	3,342,047,173	85.79
1998	3,316,089,072	574,403,955	3,890,493,027	85.24
1999	4,246,282,881	734,291,284	4,980,574,165	85.26
2000	5,225,023,196	872,888,712	6,097,911,908	85.69
2001	6,440,470,568	696,990,055	7,137,460,623	90.23
2002	7,561, 876,766	409,354,603	7,971,231,369	94,86
2003	8,732,058,035	565,300,323	9,297,358,358	93.92
2004	12,081,582,369	622,655,434	12,704,237,803	95.10
2005	11,121,979,692	987,497,228	12,109,476,920	91.85
2006	13,241,126,072	1,329,200,052	14,570,326,124	90.88

Fuente: Cifras del mercado, Cadoar. No incluye primas exoneradas.

Tabla 1.4.

Primas cobradas por las compañías aseguradoras durante el período 1997-2006.

fusiones y adquisiciones de empresas de seguros y del cierre voluntario o forzado de otras. Esto ha traído como consecuencia la consolidación de importantes empresas del sector[4] y una gran concentración del mercado, ya que el 90 % de las primas cobradas se concentró en 2006 en las diez primeras compañías de seguros, como indica la tabla 1.4.

Muchos otros factores han favorecido el crecimiento del mercado en cuanto a los volúmenes de primas cobradas, pero también el mercado se ha visto muy afectado

gurado a describir total y claramente el riesgo que pretende asegurar, a procurar evitar un siniestro y a disminuir sus consecuencias en caso de producirse.

La buena fe obliga al asegurador a facilitar al asegurado una información precisa de los términos y condiciones del contrato, y a redactar con claridad el clausulado de las pólizas. Se trata de no limitar ni exagerar en la práctica los acuerdos contraídos, evitando interpretaciones arbitrarias.

Otros principios del contrato de seguro es que sea consensual, bilateral (ambas partes se obligan a cumplir su parte), aleatorio, oneroso y de adhesión, ya que sus cláusulas las fija una parte y la otra las acepta.

Según el capítulo 1, artículo 1, de la Ley 146-02 de Seguros y Fianzas, en un contrato de seguros intervienen las partes que se reflejan en la tabla 1.3.

---

[4] Concentran el 61 % de las primas del sector (promedio del período comprendido entre 1997 y 2006).

por la alta siniestralidad (el huracán *Georges,* en 1998, con pérdidas por valor de 7,026.7 millones de pesos, equivalentes a 453.3 millones de dólares,[5] y los huracanes *Mitch* y *Hugo* que azotaron América Central y el Caribe), que ha encarecido el coste del reaseguro, así como por la crisis financiera que experimentó República Dominicana en 2003, y una acuciante inflación y devaluación monetaria durante el período 2001-2005.

Hay que agregar que, a raíz de la crisis financiera que se produjo en el año 2003, con el cierre de las empresas Segna (antigua Compañía Nacional de Seguros) y la Intercontinental de Seguros, el marco legal de la actividad aseguradora sufrió reformas considerables para hacer más eficaces y eficientes las operaciones de las empresas de seguros y las facultades reguladoras de la Administración pública a través de la Superintendencia de Seguros.

A las entidades de seguros se les exige mantener determinados niveles de capitalización, fondos de garantía y reservas acordes con sus operaciones.

Así, la Ley 146-02 (promulgada el 26/07/2002) sobre Seguros y Fianzas estableció ciertas previsiones relacionadas con los niveles de capitalización, y se les exige un

---

Empresas de seguros

La empresa de seguros es aquella cuya actividad se encuentra orientada a la práctica del seguro. Es sinónimo de entidad aseguradora, ya que su actividad sólo se puede materializar por personas jurídicas y mediante algunas de las formas de sociedad económica reconocidas como válidas en las respectivas legislaciones de un país, por ejemplo, sociedades anónimas, compañías por acciones (comanditarias, limitadas, etc.).

Las características de las entidades aseguradoras coinciden con:[6]

- Exclusividad de actuación.
- Sometimiento a normas de vigilancia oficial.
- Operaciones colectivas.
- Exigencia de capital inicial.
- Otras garantías financieras.[6]

Las empresas de seguros sólo tienen licencia para operar como tales, es decir, no pueden dedicarse a la prestación de otros servicios ajenos al seguro, o a otros ramos del seguro diferentes a los que se hayan acordado en su constitución, pudiendo optar a ello si la legislación del país en el que opere se lo permite.

Tanto en República Dominicana como en cualquier otro país, las empresas de seguros se encuentran reguladas por leyes específicas y están supervisadas por organismos oficiales: superintendencia de seguros, cámaras de aseguradores, etc.

---

[5] «Más finalmente sobre el huracán Georges», revista *Cadoar,* núm. 8, págs. 12-14.
[6] *Apuntes de seguros,* Mapfre, 2001.

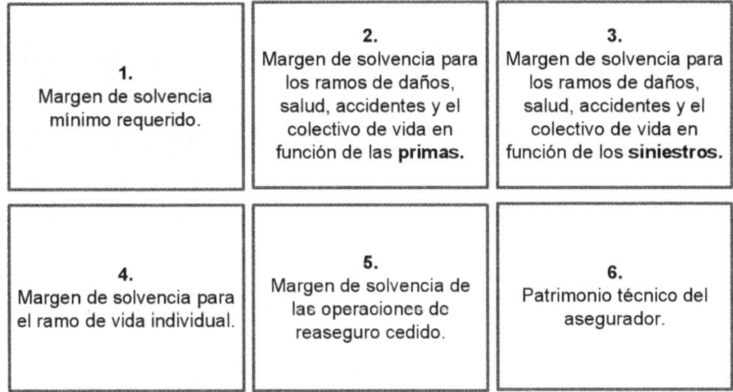

Fuente: Ley 146-02, artículos 159 al 161.

Figura 1.3.
Márgenes de solvencia exigidos por la Ley 146-02.

capital mínimo de operación de ocho millones y medio de pesos o el equivalente a quinientos mil dólares, así como unos índices mínimos de capitalización como los indicados en la figura 1.3.

El artículo 28 de la Ley 146-02 sobre Seguros y Fianzas indica que «los aseguradores y reaseguradores constituirán un fondo especial para garantizar de manera exclusiva las obligaciones que se deriven de los contratos de seguros, reaseguros y fianzas, pero cuyo uso está condicionado a que exista una sentencia que haya adquirido el carácter y la autoridad de la cosa irrevocablemente juzgada». Esto es para proteger al asegurado ante la incapacidad de pago que pueda tener una aseguradora.

El valor inicial del fondo es acordado por la Superintendencia de Seguros y la aseguradora en función de los volúmenes de primas registrados y los ramos en los que opera. De todos modos, la escala que se ha fijado para constituir este fondo es la que se observa en la tabla 1.5.

Monto de primas netas retenidas	*Porcentaje para fondo de garantía*
Hasta (RD$50,000,000.00)	1.5 %
> RD$50,000,001–RD$100,000,000.00	RD$750,000.00 + 1 % del exceso de RD$50,000,001.00
RD$100,000,001.00 en adelante	0.5 %

Tabla 1.5.
Constitución de fondos de garantía de las aseguradoras.

Según el artículo 30 de esta ley, el fondo se constituirá real y exclusivamente mediante:

a) Certificados de depósitos en bancos radicados en el país.

b) Instrumentos financieros de fácil liquidación en efectivo, emitidos y garantizados por las instituciones autorizadas como tal, dentro del sistema financiero.

Los títulos de estos valores a satisfacción de la Superintendencia se depositarán y se mantendrán bajo la custodia de la misma.

Reservas	*Objeto de aplicación*	*Constitución de reserva*
Matemáticas	Seguros de vida individual.	Valor actual de las obligaciones menos el valor actual de las obligaciones de los asegurados / primas netas (tipo de interés y tablas de mortalidad utilizadas por el asegurador).
Riesgos en curso	Otros seguros.	Proporción de primas retenidas no devengadas de los seguros y reaseguros y nunca menor a los porcentajes establecidos para los seguros: - 15 % en transporte de carga. - 5 % en seguros colectivos de vida, accidentes personales y salud (sujeto al cobro mensual de las primas). - 40 % otros seguros y fianzas.
Específicas	Pólizas vencidas, siniestros ocurridos, dividendos, y otras indemnizaciones reclamadas y pendientes de pago.	Obligaciones retenidas pendientes de cumplir por los aseguradores y reaseguradores al final de cada trimestre.
Previsión	Obligatoria.	10 % de las cantidades netas que resulten después de deducir de sus utilidades netas anuales los impuestos correspondientes. Esto incluye el 5 % exigido por el Código de Comercio a todas las sociedades o compañías por acciones.
Riesgos catastróficos	Ramo incendio y aliadas expuestos a pérdidas catastróficas.	Entre el 0.50-5 % de las primas netas retenidas en este ramo.

Tabla 1.6.
Fijación de las reservas de las empresas de seguros.

Asimismo, los artículos del 139 al 144 de dicha ley establecen los límites de reservas que las aseguradoras deben tener y las formas de su constitución (véase la tabla 1.6).

Las reservas de seguros de todos los ramos se pueden invertir a través de instrumentos financieros, certificados de depósitos, instrumentos de fácil liquidez emitidos y garantizados por instituciones locales.

La constitución de los fondos de garantía y de las reservas son determinantes en la gestión de las empresas de seguros.

Figura 1.4.
Estructura básica de una empresa de servicios.

Funcionamiento de una empresa de seguros

Las empresas de seguros son empresas de servicios, cuya actividad se encuentra orientada a la práctica del seguro.

Como toda empresa de servicios, debe tener claramente identificados una serie de factores internos y externos; así como la plataforma estructural y operativa que le ayudará en su crecimiento, posicionamiento y consolidación en el mercado.

En la figura 1.4 podemos ver que toda organización se mueve en un macroentorno y microentorno, el conocimiento de los cuales permite a las empresas la definición de su negocio, de su misión y visión, de sus valores, de sus objetivos y de sus estrategias, con el fin último de gestionar sus riesgos, sus clientes y sus empleados.

La gestión de las tres áreas mencionadas es posible si la empresa define con precisión sus procesos de negocio y los clasifica en:

- *Estratégicos,* los que están vinculados al ámbito de responsabilidad de la dirección. Responden a la misión y al sentido de permanencia del negocio.
- *Operativos,* los que están relacionados directamente con la realización del producto o prestación del servicio. Son los que entran en contacto con el cliente e impactan en su satisfacción. Son procesos alineados a los estratégicos.
- *De soporte,* los que nutren de recursos a los procesos operativos para que cumplan su función.

La figura 1.5 ilustra las relaciones que se dan dentro del mercado del seguro, cuyo punto de partida es la necesidad de protección del asegurado, que tiene la opción de contactar con cualquier intermediario de seguros (agente de seguros, agencia local o corredor de seguros), o con la empresa de seguros como único interlocutor de la gestión de sus riesgos.

Las empresas de seguros, directamente o a través de intermediarios, contribuyen a hacer posible que las personas y las organizaciones minimicen sus riesgos (los asegurables y los no asegurables), asesorándoles sobre los programas de seguros que les pueden proporcionar mayor prevención y protección ante los mismos.

La Ley 146-02 define la empresa de seguros como toda persona física o moral, autorizada por la Superintendencia de Seguros para actuar entre los asegurados y los aseguradores, con carácter de agente general, agente local, corredor de seguros, agente de seguros de personas, agente de seguros generales, o para actuar entre los aseguradores y reaseguradores con carácter de corredor de reaseguros, según fuera el caso.

En materia de organización, las empresas de seguros cuentan con diferentes departamentos que se encargan de gestionar las necesidades del cliente y de la gestión técnica

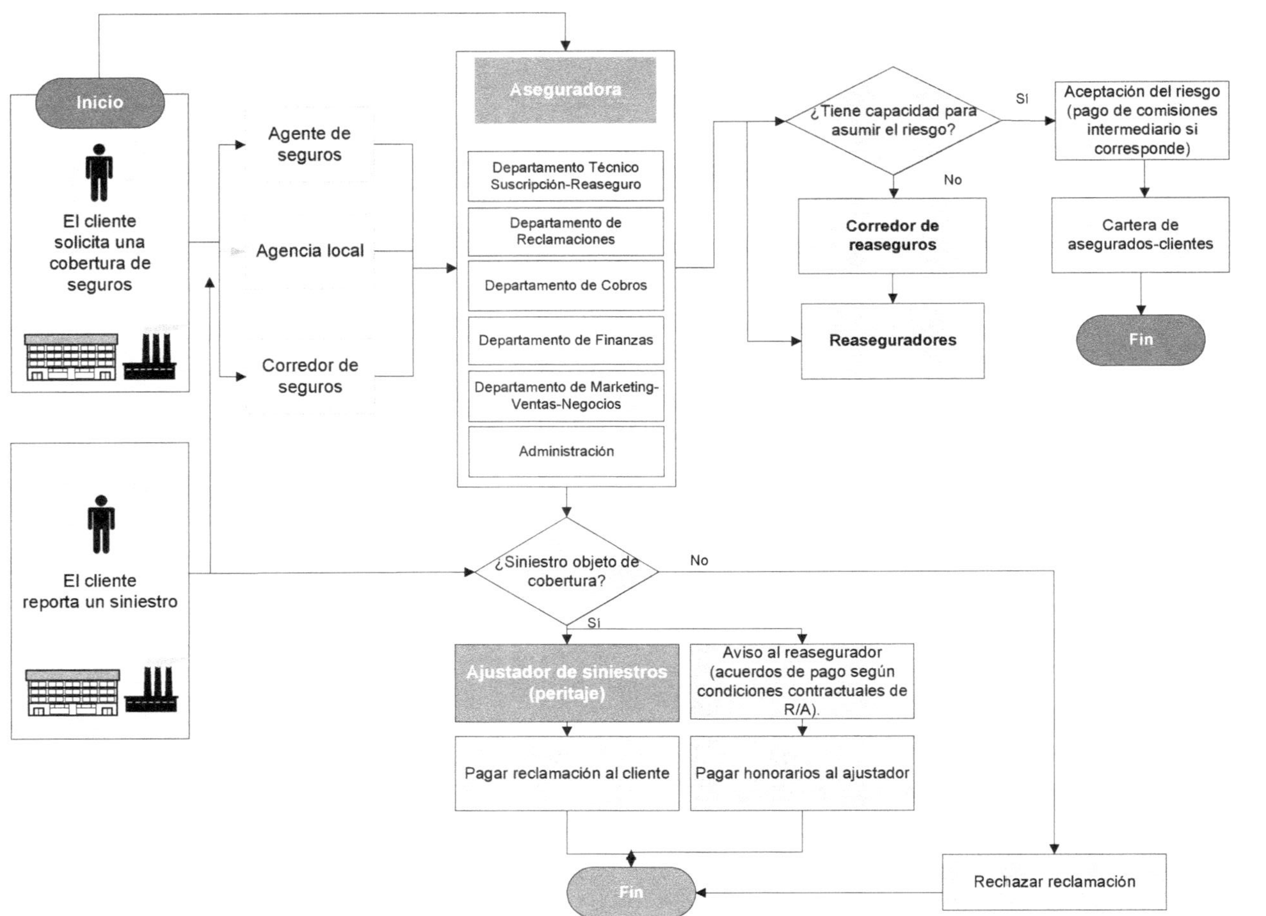

Figura 1.5.

Ciclo de operaciones de una empresa de seguros.

y financiera de la empresa, con la finalidad de mantener una cartera de clientes equilibrada y rentable. Para que esto sea posible, es necesario que los departamentos de ventas y negocios, responsables de la captación de clientes, y los departamentos de suscripción, ingeniería y reaseguros, responsables de la gestión técnica del riesgo, posean un alto nivel de profesionalidad y experiencia, ya que el éxito de la gestión de una empresa de seguros radica en un 85 % de los casos en cómo administra los riesgos que asume.

Los beneficios de las aseguradoras

La pregunta que se hacen muchas personas es la siguiente: ¿cómo las aseguradoras obtienen sus beneficios?

Cuando se publican las cifras del mercado de seguros (informe de primas suscritas), el lector puede tener la falsa percepción de que la actividad aseguradora es una de las más rentables. Como se ha podido ver, la rentabilidad de una empresa de seguros va más allá de aspectos puramente financieros, pues debe ser gestionada con criterios estrictamente técnicos y de conocimiento de negocio.

Las entidades de seguros obtienen sus resultados económicos como consecuencia de sus resultados técnicos y financieros. En otras palabras, los resultados técnicos surgen de la eficiente política de suscripción, los adecuados niveles de siniestralidad y los costes operativos que se derivan de la naturaleza del negocio, que es aceptar riesgos de terceros a cambio de primas. Dicha aceptación de riesgos está sujeta a una serie de parámetros indicados por la Ley 146-02 sobre Seguros y Fianzas para que su gestión sea solvente y equilibrada, y, por tanto, para que sus asegurados cuenten con la debida protección y garantía de respuesta ante los siniestros.

Como otras empresas, las empresas de seguros están expuestas a muchísimos riesgos. Por un lado, están los riesgos que tienen que asumir con respecto a su ámbito de actuación y, por el otro, están los riesgos que surgen como consecuencia de la aceptación de los de sus clientes. Esto les lleva a establecer medidas de suscripción, fijación de deducibles, tarifas según la valoración del riesgo y a profesionalizar su fuerza de ventas para asesorar al cliente en la prevención y protección de sus bienes.

La figura 1.6 muestra un estado de ingresos y pérdidas de una empresa de seguros, en la que se pueden ver las fuentes de ingresos y la estructura de costes.

El reasegurador

La empresa de seguros, según el artículo 134 de la citada ley, puede asumir riesgos hasta el límite de su *pleno de retención*,[7] equivalente al 10 % de su patrimonio.

Dicha retención tiene un coste para la aseguradora que debe tomarse en cuenta en el momento del diseño de sus tarifas de seguros. En ocasiones, la relación entre asegurador y reasegurador puede ser directa; en otros casos, el asegurador debe recurrir

FUENTES DE BENEFICIOS DE LAS ASEGURADORAS

+	Ingresos
	Primas suscritas.
	Reaseguros aceptados.
	Total de primas suscritas y aceptadas.
	Intereses sobre inversiones y otros.
	Total de ingresos

—	Gastos de operaciones
Costos de adquisición	Costos de los negocios de seguros y reaseguros.
	Costos de reaseguro, neto.
	Comisiones y otros costos de adquisición.
	Siniestros y otras prestaciones incurridas, netos.
	Aumento o disminución de reservas de reaseguro.
	Total costos negocios de seguros y reaseguros.
	Intereses sobre inversiones y otros.
Costos administrativos	Costos del dinero.
	Gastos generales y administrativos.
	Total gastos de operaciones

=	Beneficios (o pérdidas) de período.
	Impuestos.
	Beneficios (o pérdidas) después de impuestos.

Fuente: Revista *Cadoar*, núm. 20, octubre de 2003.

Figura 1.6.
Fuentes de beneficios de las compañías aseguradoras.

---

[7] El *pleno de retención* es la suma máxima que hay que retener en cada riesgo individual por los aseguradores y reaseguradores en cualesquiera de los ramos en los que estén autorizados para operar. Tiene por finalidad dotar a las compañías de la solvencia necesaria y del equilibrio financiero de su cartera, en caso de la ocurrencia de un siniestro de cierta consideración.

a corredores de reaseguros para «colocar» sus riesgos. El papel de corredor de reaseguros es muy importante, ya que asesoran a las aseguradoras sobre las coberturas de reaseguros más adecuadas y sobre las menos costosas.

En palabras de Julie Larido, *managing director* de Guy Carpenter, Corredores de Reaseguros, «la responsabilidad del corredor de reaseguros es convertirse en socio de la compañía aseguradora. Como corredor, nuestro objetivo es dar el mayor asesoramiento posible a nuestros clientes, de manera que consigan sus metas financieras. Proveemos diferentes tipos de análisis a nuestros clientes sobre su portafolio, con el fin de dotarles de las mejores soluciones. Buscamos en el mercado para obtener las mejores y más competitivas condiciones disponibles para nuestro cliente. Un buen corredor es el que ayuda a su cliente a crecer. Se ofrece un servicio todo el año y no sólo en el período de renovación. En resumen, nos convertimos en un buen y confiable socio y en una ayuda para que nuestro cliente consiga sus metas».

La Ley 146-02 define a las empresas de reaseguros como «toda compañía o sociedad

---

Visión del reasegurador sobre el mercado dominicano

Se ha consultado a algunos corredores de reaseguros y reaseguradoras su opinión respecto a los siguientes aspectos:

1. ¿Cuáles son los criterios de selección para trabajar con una u otra compañía?

Según Julie Larido, *managing director* de Guy Carpenter, «los reaseguradores utilizan varios criterios cuando seleccionan un cliente. Por supuesto, el tamaño de la compañía es importante, como también su participación en el mercado y sus líneas de negocio. Sin embargo, lo que mantiene a un cliente es la relación que se establece en el tiempo y la confianza que se puede construir entre ambos. Con respeto mutuo, confianza y seguridad, se desarrolla un profundo conocimiento de las necesidades de nuestros clientes. Cuando esto ocurre, se da una experiencia muy gratificante, crecemos y conseguimos juntos nuestras metas».

Para Bruno Krenboeck, director de Client Markets, de la Suiza de Reaseguros, «hay dos criterios básicos: fortaleza financiera y gestión técnica, tomando además en cuenta el volumen de negocio y su rentabilidad. Pero, sin lugar a dudas, uno de los factores más críticos –y difíciles– de medir y que influye de manera determinante en el momento de escoger nuestros socios es la confianza.

»La confianza está en la base del negocio del seguro ya sea entre el asegurado y el productor, entre el productor y/o el asegurado y la aseguradora y entre la aseguradora y el reasegurador. Si en algún punto de esa cadena no hay confianza, no hay seguro. Además, esta confianza debe ser complementada por la apertura y la transparencia que deben imperar en todas las partes involucradas en el mercado asegurador».

debidamente autorizada para dedicarse exclusivamente a la contratación de reaseguros y a sus actividades consecuentes».

Ante la ocurrencia de un siniestro, si el mismo está sujeto a condiciones de reaseguro, el reasegurador debe ser informado para que abone su parte proporcional del siniestro. La aseguradora puede llevar a cabo el ajuste de las pérdidas a través de su departamento de reclamaciones o a través de ajustadores externos, para determinar el monto que hay que pagar por la reclamación presentada.

La mencionada ley considera *ajustador* a toda persona física o moral, autorizada por la Superintendencia de Seguros, que como profesional independiente remunerado por honorarios investigue y determine las valuaciones de los daños ocasionados por siniestros, pudiendo negociar el acuerdo de las reclamaciones que surjan de la ejecución de contratos de seguros, cuando haya sido contratado para ello por el asegurador o reasegurador.

---

2. Su opinión respecto a la función reaseguradora en el mercado dominicano.

Según Julie Larido, «se trata de un país de nueve millones de habitantes, con un mercado de seguros de 500 millones de dólares en primas. Sin embargo, no tiene una cultura del seguro. Hay muchas aseguradoras, pero las primeras cinco dominan el mercado. Los dos peligros que prevalecen son los huracanes y los terremotos. En el pasado había muchas pérdidas por incendio, lo cual perjudicaba al país con respecto a los reaseguradores. Ha habido una mejora considerable, que facilita la gestión de reaseguros. La fortaleza que se observa es que el país se está desarrollando considerablemente, lo que significa más empleo y más necesidad de asegurarse. República Dominicana es un mercado estable».

Bruno Krenboeck considera que «la función del reasegurador es ser socio integral de las aseguradoras, absorbiendo riesgos y compartiendo conocimientos, capacitación y asesoría técnica. La relación simbiótica entre asegurador/reasegurador es una de las actividades económicas en las que mejor se expresa el concepto en el cual todas las partes ganan.

»En República Dominicana, uno de los aspectos más importantes de la función del reasegurador es otorgar cobertura catastrófica para peligros derivados de la naturaleza, especialmente todo lo relacionado con los huracanes. De hecho, en las últimas décadas, el país se ha visto afectado por fuertes fenómenos ciclónicos, entre los que destacan el *Georges* (1998), el *David* (1979) y, más recientemente, el *Jeanne* (2004).

»En todos estos casos, sólo la existencia de socios confiables como reaseguradores ha permitido al mercado asegurador dominicano sobreponerse a pérdidas de tal envergadura.

»La asesoría que presta el reaseguro en líneas de negocio complejas, y donde además de capacidad financiera se requiere un determinado conocimiento, es también de suma importancia. Dentro de estas líneas de negocio destacan vida, ingeniería, responsabilidad civil y transporte, por citar algunos».

Capítulo 2

Una etapa, un equipo y una experiencia repetible

Una etapa. El período comprendido entre los años 1980-2001 fue muy significativo para República Dominicana. Dos décadas en las que los cambios acaecidos en el orden político y social, y en la economía nacional e internacional, repercutieron en la actividad de las empresas, y, por tanto, en la actividad de seguros.

En cuanto a la economía, los cambios en el ámbito internacional afectaron al desarrollo económico local, con lo que se propició, al final de la década de 1990, un importante crecimiento en diversos segmentos, como el turismo, la construcción, los servicios, etc. Este crecimiento, así como el incremento del consumo en los servicios financieros y la introducción de soluciones novedosas de protección por parte de las aseguradoras, impactaron positivamente en el crecimiento de la actividad aseguradora.

Por otro lado, importantes catástrofes naturales como la de los huracanes Andrews, *en 1992,* Georges *y* Mitch, *en 1998, cambiaron los parámetros contractuales sobre los que se sustentaban las relaciones entre aseguradoras y reaseguradoras, mediante el endurecimiento de los criterios de evaluación y selección de los riesgos asumidos y la imposición de nuevas tasas de suscripción obligatorias para los riesgos catastróficos. Posteriormente, los atentados del 11 de septiembre de 2001 en Nueva York marcaron definitivamente el entorno económico mundial y provocaron un endurecimiento aún mayor de las condiciones de las aseguradoras y reaseguradoras, que excluyeron en la mayoría de sus contratos los riesgos por terrorismo.*

En este contexto, una de las principales empresas del mercado dominicano de seguros, la Compañía Nacional de Seguros,[1] logró posicionarse en los primeros lugares y lo dominó durante más de una década. Este logro se debió, principalmente, a la sólida trayectoria que mantenía esta empresa, su participación en el Grupo Financiero Nacional, la capa-

---

[1] Fundada por Máximo Pellerano en 1964 y filial del Grupo Financiero Nacional.

cidad técnica y comercial de su equipo de personas y su elevado compromiso con la organización.

Este capítulo narra la experiencia del equipo del departamento de Seguros Generales de la Compañía Nacional de Seguros, mediante las aportaciones de algunas personas clave. Este área de la compañía estuvo dirigida durante casi nueve años por Simón Mahfoud. En estas páginas se describe la manera en que se construye un equipo de personas polivalente, multidisciplinar, con una filosofía de trabajo en equipo y unas prácticas de gestión de servicio que posicionaron a la Compañía Nacional de Seguros como líder del mercado local.

La filosofía de trabajo en equipo a la que nos referimos trascendió el concepto de cultura organizacional y arraigó en las personas, dándoles el impulso necesario para hacer repetible una experiencia dotada de conocimiento, crecimiento personal y profesional.

* * * * *

El sector asegurador en la década de 1980

Esta década se caracterizó por el gran número de participantes en el mercado de seguros –unas 57 empresas en 1990– y una clara tendencia a la concentración de primas por parte de las principales empresas del sector –empresas pioneras en el mercado, la mayoría creadas en las décadas de 1960 y 1970.

Cabe destacar que la actividad de seguros mantuvo un crecimiento promedio del 26.86 %, sobre la base de las primas cobradas (véase la tabla 2.1), muy por encima del experimentado en la siguiente década de 1990, que fue del 21.67 %.

Del mismo modo, el índice de penetración de la actividad aseguradora, medida en función de las primas *per cápita,* presentó un crecimiento promedio del 24 % anual, unos puntos por encima del experimentado en la década siguiente, que fue del 19.7 %.

Por otro lado, en la composición de las primas cobradas se apreció un mayor crecimiento en los seguros de daños que en los seguros de vida (véase la tabla 2.2). Aunque es una tendencia generalizada del sector, en el caso del mercado local, esto tiene íntima relación con los cambios en la economía y con las necesidades de la industria, más enfocadas a proteger sus propiedades. En la década de 1980 y en una parte de la siguiente, la relación entre ambas carteras fue de 80/20. Se pudo ver en los años posteriores, es-

PRIMAS COBRADAS *PER CÁPITA* (1980-1989)

Año	Primas cobradas (millones RD$)	Tasa de crecimiento (%)	Prima per cápita aproximada (RD$)	Tasa de crecimiento (%)
1980	89,999,246.75	–	16.57	–
1981	101,378,593.93	12.6	18.28	10.3
1982	113,444,964.81	11.9	19.99	9.4
1983	122,882,869.53	8.3	21.17	5.9
1984	145,463,904.16	18.4	24.49	15.7
1985	193,960,822.07	33.3	31.92	30.3
1986	269,130,355.00	38.8	43.29	35.6
1987	353,449,349.72	31.3	55.58	28.4
1988	522,618,116.58	47.9	80.32	44.5
1989	727,648,070.15	39.2	109.31	36.1

Fuentes: 1. *Análisis de las primas netas cobradas por las aseguradoras,* 1989, pág. 67, Superintendencia de Seguros.
2. *Informe anual de la economía dominicana,* Banco Central.

Tabla 2.1.
Primas cobradas en el período 1980-1989 (base IPC 1980).

TASA DE CRECIMIENTO ANUAL POR RAMO (1980-1989)

Ramos	*Porcentaje medio anual*
Vida	7.23
Accidentes personales y salud	12.61
Incendio y aliadas	8.64
Naves marítimas y aéreas	6.73
Transporte de carga	8.10
Vehículo de motor y responsabilidad civil	14.83
Agrícola y pecuario	9.73
Fianzas	4.99
Otros seguros	12.65

Fuente: *Análisis de las primas netas cobradas por las aseguradoras*, 1989, pág. 65, Superintendencia de Seguros.

Tabla 2.2.
Tasa de crecimiento anual por ramo en el período 1980-1989 (base IPC 1980).

pecialmente a finales de la década de 1990 y a principios de la de 2000, cómo los seguros de personas iban ganando participación por el surgimiento de los seguros de salud, planes de vida, etc., cambiando esta relación de 80/20 a 70/30.

A finales de la década de 1980 muchas empresas de seguros formaban parte de grupos financieros, especialmente de los bancarios. Esto les permitió llegar a más clientes, ampliar el volumen de negocio y, en tan sólo unos años, abrir un nuevo canal de intermediación conocido como «banca-seguro».[2]

El Grupo Financiero Nacional había creado otras empresas, tales como el Banco Nacional de Crédito (Bancrédito) y la Reaseguradora Nacional (ambas en 1985), Zona Franca San Isidro y, posteriormente, Tricom.

La integración de nuevas compañías en este grupo empresarial aportó a la Compañía Nacional de Seguros una fuente de potenciales clientes (sobre todo del Banco Nacional de Crédito y de Tricom), un buen apoyo desde el punto de vista corporativo y un apreciable respaldo en cuanto a gestión técnica. Evidentemente, los cambios producidos en la economía y en el sector de seguros revolucionaron la empresa en muchos sentidos. Al tratarse de un grupo empresarial de vanguardia, pionero en muchas iniciativas de gestión y enfocado al servicio, a lo largo de la década de 1990 fue introduciendo cambios significativos en su concepción del negocio y del servicio al cliente.

---

[2] En junio de 2003, cuatro de los diez primeros grupos financieros del país, incluyendo el Banco de Reservas, contaban con una empresa de seguros en su seno. Estas cuatro organizaciones manejaban cerca del 73 % del sistema financiero dominicano y el 45 % del mercado asegurador. Fuente: Fitch Rating Dominicana, *El sector asegurador dominicano*, pág. 2.

Año	*PIB* per cápita *real*	*Tasa de crecimiento (%)*	*Tasa de inflación anualizada (%)*
1980	8.0	4.9	16.7
1981	4.3	2.1	9.7
1982	1.7	–0.6	12.85
1983	4.6	2.3	6.00
1984	1.3	–1.0	38.64
1985	–2.1	–4.3	30.85
1986	3.5	1.2	4.40
1987	10.1	7.6	22.67
1988	2.2	–0.1	55.80
1989	4.4	2.0	34.59
1990	–5.5	–7.6	79.92

Tabla 2.3.
Evolución económica en la década de 1980.

La Compañía Nacional de Seguros, que técnicamente fue manejada por expertos profesionales del seguro y que contaba con el respaldo del Grupo Financiero Nacional, apostaba por un importante crecimiento en toda su cartera: seguros generales y seguros de personas. Para ello, desplegó sus esfuerzos en la captación de los principales corredores de seguros y amplió su red de ventas en número de agentes y en alcance territorial.

La crisis económica de 1980

República Dominicana atravesaba una crisis que se agudizó en los primeros años de la década de 1980, a causa del incremento del precio del petróleo y la caída simultánea de los precios de sus principales productos de exportación. La gran dependencia a las fluctuaciones de los mercados internacionales, especialmente de los precios de los combustibles y de la economía de Estados Unidos, afecta a los ciclos económicos del país caribeño.

En 1984 la inflación subió un 16.8 % en relación con el año anterior y la tasa de cambio se encontraba alrededor del 2.80 %, lo que afectaba a los precios internos. Asimismo, las importaciones se mantenían en los niveles deprimidos de 1983, después de haber tenido un crecimiento del 4.6 %. En 1984, la actividad económica se mantuvo estancada, lo que implicó un agravamiento del desempleo.[3]

Se puede ver la evolución negativa que acompaña el decrecimiento económico per cápita durante esta década, acuciada por una creciente inflación que afectó la vida económica y social de aquellos años.

[3] Confróntese *40 años de economía dominicana,* del economista Carlos Despradel, y el *Informe de la economía dominicana,* del Banco Central de la República Dominicana.

Una etapa

Desde mis inicios en el departamento de Ingeniería de la Compañía Nacional de Seguros, traté de conocer en profundidad todo lo relacionado con el seguro de ingeniería.[4] Fue de mucha ayuda la documentación técnica que recibíamos de la Suiza de Reaseguros, Muenchener, Mapfre Re, y de los intercambios con colegas reaseguradores, como Ricardo García, Aldo Varesi, Ludwig Kuster, Bruno Krenboeck y otros con los que he coincidido durante mi trayectoria profesional.

Con los ingenieros José Miladeh y Evelio Martínez, especialistas en distintas ramas de la ingeniería, logramos un óptimo trabajo de equipo.

Los ingenieros debían coordinar el trabajo de inspección de los riesgos, consultar a los reaseguradores las tasas y las condiciones para los riesgos especiales y asesorar a las áreas de suscripción sobre la aceptación de estos riesgos en la cartera de clientes de la empresa.

Los cambios económicos de la década de 1990

La situación económica de República Dominicana a finales de la década de 1980 y principios de la de 1990 fue muy difícil, a causa de la política expansionista del presidente Joaquín Balaguer, en cuanto al gasto público se refiere, y por el alza en los precios de los combustibles por la guerra del Golfo.

El crecimiento económico alcanzado por el país en términos de PIB fue muy bajo, del 0.9, y la inflación promedio anual fue del 47.08 %. El Gobierno tuvo que firmar un nuevo préstamo con el Fondo Monetario Internacional (FMI) para hacer frente a estos problemas y reconducir la economía del país.

A partir de 1992, el país fue recuperándose (véase la tabla 2.4), y con ello su actividad económica. Entre las reformas introducidas a raíz de los acuerdos con el FMI, destacaron la reforma arancelaria de 1993, la reforma tributaria que establecía un impuesto máximo del 25 % sobre las rentas y la renegociación de la deuda externa con los bancos comerciales.

Otro hecho que favoreció la recuperación económica del país fue el crecimiento económico que experimentó Estados Unidos. En 1992, República Dominicana era su sexto socio comercial en América Latina y este hecho repercutió positivamente en los sectores económicos de las zonas francas, en el turismo, en las exportaciones y en las remesas de divisas.

El turismo fue uno de los sectores de mayor crecimiento, y su aportación de ingresos de divisas fue utilizada para financiar el creciente incremento de las importaciones que caracterizó esos últimos años de la década. Según el Banco Central, la actividad turística en 1990 proporcionó a la economía dominicana 725 millones de dólares. En apenas

---

[4] Amparar riesgos relativos a la construcción de obras civiles, el montaje de equipos, los equipos de las empresas contratistas, la maquinaria, los equipos electrónicos, las pérdidas de beneficios por avería de maquinarias, etc.

¿Qué hace el departamento de ingeniería en una empresa de seguros?

Los departamentos de ingeniería y de suscripción son el principal soporte de una empresa de seguros. El de ingeniería supondría para los seguros generales lo que podría ser un médico para el seguro de vida.

El departamento de suscripción evalúa los riesgos de un futuro asegurado, mientras que el de ingeniería comprueba las condiciones de seguridad y los sistemas de protección y prevención de pérdidas. Ambos asumen una gran responsabilidad frente a los resultados técnicos de la empresa de seguros.

El departamento de ingeniería no sólo interviene ante la posibilidad de aceptar un nuevo riesgo, sino que su participación es determinante en la aceptación de aumentos de sumas aseguradas, en la evaluación de las pérdidas y en el hecho de otorgar tasas por renovación del seguro.

Dada la naturaleza de la mayoría de las construcciones del país, que en su mayoría

---

cinco años, estos ingresos se habían duplicado y para 2000 llegaron a 2,895 millones. En ese mismo año el país contaba con unas 51,916 plazas hoteleras concentradas en la zona este (La Altagracia) y norte (Puerto Plata).

Según el economista Carlos Despradel, la favorable situación internacional y las políticas adoptadas por el gobierno de Balaguer habían creado las bases para conseguir un desarrollo más pronunciado

Con el gobierno del presidente Leonel Fernández, el país vivió una nueva etapa de prosperidad económica. Se incrementó la importación de bienes y se dinamizó la actividad comercial, y proliferaron así las construcciones, el transporte, las comunicaciones, la actividad bancaria, los seguros, etc.

Desde el exterior, influyó mucho en este crecimiento la bajada de precios del petróleo en los mercados internacionales (bajó a once dólares el barril en 1998, el precio más bajo en veintidós años), lo que supuso un importante ahorro de divisas.

En la tabla 2.5 se puede apreciar el comportamiento de la economía dominicana en aquel período.

Las inversiones extranjeras fueron muy significativas y llegaron a superar los 1,350 millones de dólares, lo que se tradujo en la dinamización de la economía, especialmente durante el período 1996-2000, con gran repercusión en el mercado de seguros, pues se observa que la penetración de la actividad de seguros en relación con el PIB creció considerablemente, pasando de una participación de 1.58 (1997) a 1.70 % (1998), 1.89 % (1999) y 2.02 % (2000).[5]

---

[5] Confróntense la revista *Sigma,* de Suiza de Reaseguros, y *El seguro mundial en cifras,* años 1997, 1998, 1999 y 2000.

poseen techos de zinc, paredes de madera o de bloques, techo de asbestos, etc., la labor del departamento de ingeniería tenía un valor significativo.

A través de la inspección, este departamento detectaba muchos agravantes que en el proceso de suscripción no se podían conocer; por ejemplo, el estado de las instalaciones eléctricas, la ubicación del riesgo, los riesgos colindantes o coincidentes, el orden y la limpieza, la actividad del negocio que hay que asegurar y el riesgo moral.

Cuando se efectuaba una inspección, el riesgo se calificaba en una escala del 1 al 5:

1. Malo
2. Poco satisfactorio
3. Satisfactorio
4. Muy satisfactorio
5. Excelente

Estos parámetros de calificación conducían al equipo de ingeniería a aceptar o no el riesgo, sujeto a la implantación de las medidas de prevención recomendadas en nuestro informe técnico.

Año	*PIB* per cápita *real*	*Tasa de crecimiento (%)*	*Tasa de inflación anualizada (%)*
1991	0.9	−1.3	7.90
1992	8.0	5.5	5.17
1993	3.0	0.6	2.79
1994	4.3	2.5	14.31

Tabla 2.4.
Evolución económica a principios de la década de 1990.

Año	*PIB* per cápita *real*	*Tasa de crecimiento (%)*	*Tasa de inflación anualizada (%)*
1995	4.7	2.8	9.22
1996	7.2	5.3	3.95
1997	8.2	6.2	8.37
1998	7.4	5.5	7.82
1999	8.1	6.2	5.10
2000	8.1	6.2	9.02

Tabla 2.5.
Evolución económica en el período 1995-2000.

Los ingenieros lograron un buen nivel de especialización en materia de seguros y de prevención de pérdidas, y mejoraron su enfoque gracias a la implicación con los ajustadores en la evaluación de siniestros. Los siniestros, aunque no son deseados ni por el asegurador ni por el asegurado, son una fuente de información excelente desde el punto de vista técnico, ya que muestran los puntos débiles de un proceso de captación, suscripción e inspección.

Este departamento se convirtió en el gran compañero de los equipos de suscripción, reclamaciones y reaseguros, así como en un gran apoyo a la vicepresidencia ejecutiva.

En 1991 accedí al cargo de director administrativo del área de seguros generales y acepté el reto de alcanzar un crecimiento ansiadamente esperado por la dirección de la empresa.

Para mí, supuso una experiencia profesional importante, porque ampliaba mi ámbito de responsabilidad combinando dos aspectos clave en la gestión de seguros: el técnico y el de negocio. Por otro lado, implicó liderar un departamento que en 1991 contaba con cincuenta personas.

Se consiguieron los objetivos deseados y se mantuvieron unos niveles de crecimiento que posicionaron y consolidaron a la Compañía Nacional de Seguros como líder del mercado.

El sector asegurador se nutrió del crecimiento económico de la década de 1990, impulsando, así, la suscripción en ramos no tan tradicionales como eran «incendio» y «robo», sino en los de «transportes», «fianzas», «seguros de ingeniería» y «automóvil», entre otros. Este crecimiento permitió a las empresas de seguros mantener una cartera más equilibrada en daños.

El volumen de primas cobradas a partir de 1996 muestra el crecimiento experimentado por el sector en cuanto a los seguros generales (véase la tabla 2.6).

PRIMAS COBRADAS EN SEGUROS GENERALES (1996-2001)

Año	Primas RD$	Tasa de crecimiento (%)
1996	2,665,380,297	–
1997	3,000,182,911	12.56
1998	3,516,700,616	17.22
1999	4,542,384,863	29.17
2000	5,604,931,794	23.39
2001	6,584,053,912	17.47

Fuente: Cadoar (Cámara Dominicana de Aseguradores y Reaseguradores).

Tabla 2.6.
Primas cobradas en seguros generales en el mercado de seguros dominicano en el período 1996-2001.

En 1998, el país sufrió las consecuencias del devastador huracán *Georges*. Las empresas de seguros tuvieron que pagar algo más de RD$7,000 millones de pesos, y reportaron una siniestralidad del orden del 51.17 % (cartera total), que en comparación con el año 1997 (50.98 %) representó un incremento de 0.19, como muestra la tabla 2.7.

Como consecuencia del huracán *Georges*[6] y con los resultados técnicos obtenidos por las empresas de seguros, los parámetros de suscripción que existían dieron un giro y se introdujeron cambios en el sistema de tarificación. Según Cadoar (Cámara Dominicana de Aseguradores y Reaseguradores), el costo de reaseguro neto fue del 37.36 %, dos puntos por debajo del registrado en 1997, y las comisiones recibidas se redujeron en un 5.32 %, al pasar del 22.35 % en 1997 al 21.22 % en 1998. Asimismo, los costes de explotación se redujeron, y pasaron del 24.7 % al 21.5 %, debido, principalmente, a la eliminación del impuesto de patente con el que las aseguradoras eran grabadas.

El huracán favoreció, en cierta medida, la mejora de la conciencia de las personas en cuanto a la eventualidad del riesgo, lo que hizo que muchos clientes actualizaran el valor asegurado de sus propiedades, y que muchos otros potenciales, que aún no contaban con cobertura de seguros, decidieran asegurarse.

Esta penetración de la actividad de seguros tiene su origen en la evolución que ha experimentado el mercado y en los esfuerzos de comunicación que las empresas de seguros han llevado a cabo para atraer a los clientes. A ello se suma la profesionalización que exhiben los agentes de seguros, los corredores y el personal de las empresas de seguros.

RAMOS MÁS AFECTADOS POR EL HURACÁN GEORGES

Seguros generales	*Sin huracán (%)*	*Huracán (%)*
Incendio y líneas aliadas	37.8	703.1
Transporte de carga	26.80	26.8
Vehículos de motor y responsabilidad civil	62.30	66.7
Otros seguros	38.50	128.9
Total seguros generales	51.0	259.30
Total general	**51.2**	**231.3**

Fuente: "Mas… finalmente sobre el huracán *Georges*", revista *Cadoar,* octubre de 1998, pág. 13.

Tabla 2.7.
Efectos del huracán Georges *sobre la siniestralidad.*

---

[6] El huracán *Andrews,* en 1992, ya había causado un endurecimiento de las condiciones de los reaseguros.

Un equipo y una experiencia repetible

La experiencia en el departamento de ingeniería me permitió conocer muchos aspectos técnicos de la suscripción de los seguros generales (incendio y líneas aliadas, robo con violencia, fidelidad 3D, responsabilidad civil, automóvil, transporte marítimo y terrestre y accidentes personales), lo cual me ayudó a entender las operaciones del departamento. También fueron de utilidad los manuales de procedimientos para conocer con detalle los roles de todo el equipo, porque tenía muy claro que los objetivos los tenía que alcanzar con aquellas personas.

No pensaba en los objetivos a corto plazo, sino en una estrategia que permitiera mantener unos niveles de crecimiento significativo a medio y a largo plazo. Por ello debía centrarme en tres aspectos importantes: el equipo, la estructura del servicio y los clientes, sin olvidar reforzar una política de suscripción que combinara aspectos técnicos y comerciales. Las circunstancias del mercado y los cambios en el entorno de los reaseguros obligaron a que las empresas revisaran sus parámetros de suscripción.

El equipo

El equipo de seguros generales estaba organizado a partir de una estructura que se conoce como «por ramo», tal y como recoge la figura 2.1. Esta estructura es muy común en las empresas de seguros, que crean así una estructura cerrada y muy abocada a la especialización, es decir, se facilitaba el conocimiento de un ramo pero nada de los otros ramos.

En 1991, el equipo estaba formado por unas cincuenta personas, incluyendo el departamento de ingeniería; un equipo de personas jóvenes, con mucho talento y con ganas de aprender y de hacer un buen trabajo. Sin embargo, la estructura que entonces teníamos no era la más adecuada ni el estilo de liderazgo que existía era el más apropiado para que las personas sintieran un aprecio sincero por el trabajo que efectuaban.

¿Cómo dar un giro a este departamento para conseguir los objetivos marcados por la dirección de la empresa y mantener un buen nivel de servicio a nuestros clientes externos y a los clientes internos (mis colaboradores)? En su momento, tomar una decisión al respecto llevó un cierto tiempo, pero se practicó un ejercicio que es fundamental en la dirección de equipos: la observación.

Me dediqué a observar el comportamiento de las personas en mi equipo. Su manera de trabajar, su manera de afrontar las cosas.

Me di cuenta de que las personas necesitan sentirse apreciadas y que la comunica-

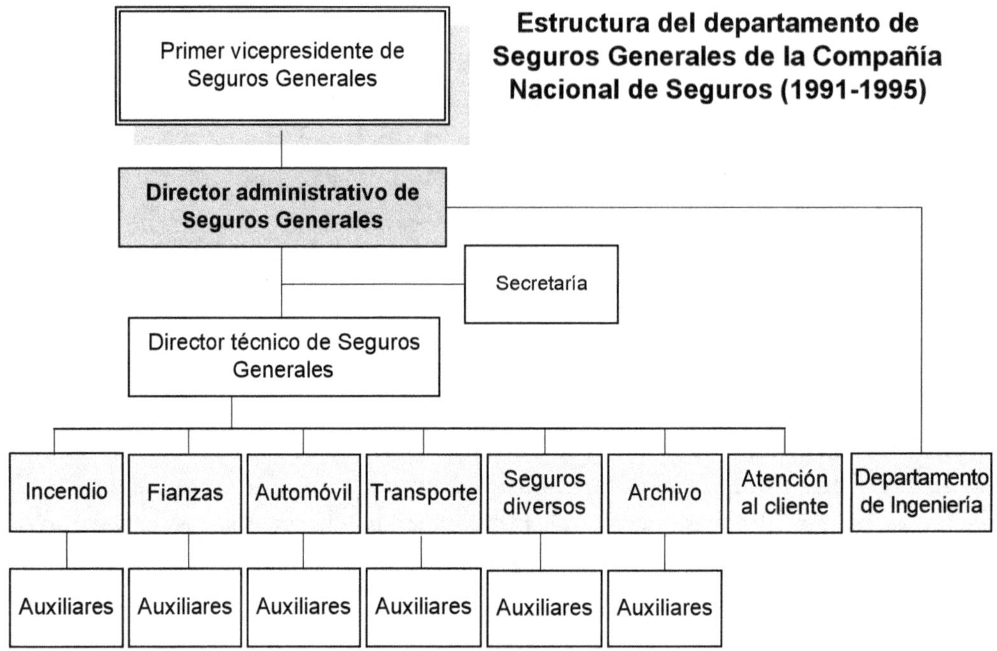

Figura 2.1.
Estructura de un equipo de seguros generales.

ción es fundamental para generar confianza, empatía y emociones positivas en el entorno laboral. Saludar, tomar un café junto a un colaborador, interesarse realmente por quién es, etc., todo ello contribuye a crear un clima de confianza, a reforzar los vínculos...

Se tuvo en cuenta una cita de san Agustín:

«Aprendí más no de aquellos que me enseñaron pero sí de aquellos que hablaron conmigo».

Quería descubrir qué había detrás de las personas, su procedencia, interesarme realmente por lo que eran, lo que querían en su vida y lo que les interesaba. Deseaba eliminar la distancia que nos separaba y conocer más a fondo cómo los jefes de sección organizaban su trabajo y qué valoraciones hacían de su equipo. Leía las evaluaciones de desempeño para saber con qué recursos contábamos. Con este ejercicio me di cuenta de que necesitábamos mejorar la dinámica de trabajo, la manera de relacionarnos internamente, la forma en que estaban organizados los equipos. Quería conseguir los objetivos de la empresa con mi equipo, no con otro. Así que hice una lista de necesidades, prioridades y marqué unos objetivos específicos. Tenía un plan particular con cada una de las personas de mi departamento. Sabía que me llevaría tiempo, pero con esfuerzo, confianza y trabajo se consiguen muchas cosas.

«Sabemos lo que somos pero no lo que podemos llegar a ser.»

Con la ilusión que desprende este pensamiento de William Shakespeare en la cabeza, preparé una especie de diario sobre las personas, sobre su progreso en el trabajo en el cual se reflejasen sus intereses profesionales. No es sencillo tener un plan de carrera para cada persona, porque los recursos y los puestos de trabajo en una empresa son escasos, pero el objetivo era mantener a las personas interesadas en lo que hacían. Hay directivos que van por la vida haciéndose los interesantes y no están interesados en nada. Para mí, estar interesado es sinónimo de salud, vitalidad, curiosidad e ilusión por aprender. Eso es lo que he querido transmitir a mis compañeros de viaje en esta profesión.

Cuando en una empresa se habla de recursos, nunca se menciona el conocimiento de las personas como el más valioso de los recursos. Pues bien, para mí era importante saber quién tenía mayor experiencia y en qué áreas, de manera que las personas pudieran compartir sus conocimientos con el resto de compañeros. Es cierto que la estructura que teníamos propiciaba la especialización, pero la intención era tener un equipo polivalente y multidisciplinar.

De manera natural se crearon equipos de formación interna y se organizaron sesiones después de la jornada laboral. Los más expertos en un ramo entrenaban a los que justo entonces iniciaban su proceso de aprendizaje.

La intención era crear un clima abierto y participativo con todas las personas, quería que la gente se sintiera parte del departamento y amara su trabajo, que se vinculara con la empresa. No existe una regla matemática para hacerlo. Participo de la teoría de que si confías en las personas y les das herramientas con las que aprender, resulta sorprendente todo lo que son capaces de crear, de desarrollarse.

Confié en cada uno y no paré de ejercer la observación. Quería detectar puntos fuertes y débiles en cada uno de mis colaboradores. Los fuertes me servían para distribuir el trabajo y asignar alguna tarea de importancia. Los débiles me ayudaban a identificar oportunidades de mejora y a pensar en cómo el empleado podía mejorarlos. Evidentemente, no podía hacer esta tarea y me ayudaron los distintos supervisores y la lectura de las evaluaciones de desempeño.

Producto de estas observaciones, solicitamos recursos al departamento de personal para desarrollar, mediante programas de formación, las aptitudes y actitudes detectadas. Aprovechando las sinergias del Grupo Financiero Nacional, dicho departamento disponía de una amplia gama de cursos y seminarios para los empleados. Contamos para ello con José Pérez Arias, un experto en materia de seguros y ventas que fue un importante apoyo para nuestro departamento.

La comunicación dentro del equipo fue determinante. Compartir los objetivos y los resultados obtenidos, así como la evolución que llevábamos con respecto a la competencia, animaba a que se trabajara unidos para conseguirlos.

Contar con personal capacitado, con pasión por el servicio al cliente, motivado, identificado con los objetivos, con la empresa, ayudó a situarla en cuanto a nuestra área de responsabilidad en la empresa líder del mercado.

Fuimos un departamento modelo en el Grupo Financiero Nacional, no tuvimos ninguna rotación de personal y nuestras mejores prácticas fueron copiadas por otros departamentos.

La estructura del servicio

El Grupo Financiero Nacional se caracterizaba por proporcionar unos altos niveles de calidad en el servicio, lo que contribuyó a su crecimiento y solidez.

Enmarcados en esa filosofía de servicio, con el apoyo de la dirección y de los equipos de trabajo, quisimos cambiar a una estructura más acorde con los tiempos.

En 1994 accedí al cargo de primer vicepresidente de seguros generales, mientras que la empresa llevaba a cabo varios cambios internos.

Había trabajado para que las personas aprendieran las unas de las otras, pensando en una estructura de servicio distinta a la convencional, pero necesitaba disponer de más información del mercado, de nuestros clientes y de nuestros empleados.

La dirección de la empresa estaba reforzando sus relaciones con los corredores de seguros, que se quejaban de falta de agilidad en el trámite de sus pedidos, mientras por otro lado teníamos una fuerza de ventas con grandes objetivos por cumplir que necesitaba el soporte de nuestro equipo para agilizar sus pólizas. También había grandes grupos empresariales que eran atendidos directamente por nuestro equipo y que requerían unas dedicaciones específicas, ya que éramos sus asesores directos.

Comenzamos a visitar a los clientes directos, a los corredores de seguros y a los directores de ventas para conocer sus necesidades, su opinión sobre nuestro servicio, sobre nuestra manera de hacer negocio y sobre los aspectos que se debían mejorar. Como resultado de estas visitas, junto al equipo de suscripción confeccionamos el esquema que se muestra en la figura 2.2.

Nuestros tres grupos de clientes requerían:

– Un trato personalizado.

– Mayor agilidad en el trámite de sus pedidos.

– Mejor coordinación de las secciones para entregar todos los contratos relacionados con el mismo cliente en una misma fecha.

Lamentablemente, con la estructura por ramos no era posible satisfacer esos requerimientos, porque un pedido se repartía entre tres o cinco equipos, de manera que si este cliente llamaba era atendido directamente por el departamento de atención al cliente, quien debía pasar la llamada a algunos de los equipos, de modo que el corredor o agente de ventas acababa hablando con cinco personas distintas en relación con un mismo caso. Esto también era un obstáculo para el proceso de emisión, porque el ritmo de trabajo de un equipo era muy distinto al de otro. Es decir, los ramos más solicitados tenían un volumen de trabajo superior al de otros, con lo cual, una póliza del ramo de fidelidad, por ejemplo, podía prepararse en una o dos horas, mientras que una de incendio, aunque tomara el mismo tiempo, se entregaba con demora porque trabajaban por orden de llegada y no por clientes. Esto retrasaba mucho el proceso de entrega de las pólizas al cliente, hasta un promedio de 20-25 días.

A mi entender, todo lo que se haga en la empresa debe pasarse por la lente del cliente. Es obligado preguntarse si la manera de operar es la adecuada, la más fácil y rápida, la menos costosa y la que mayor satisfacción proporcionará al cliente.

Era el año 1994 y la empresa, que siempre fue pionera en todo, impulsó un proceso de cambio organizacional, con la ayuda del departamento de sistemas y procedimientos. En ese momento se detectó una gran oportunidad para cambiar el enfoque del servicio al cliente.

Dionisia Germán, una de las mejores profesionales en este área, lideraba el departamento de sistemas y procedimientos y junto a su equipo conseguimos mejorar nues-

LA VOZ DE LOS CLIENTES

Corredores	*Fuerza de ventas*	*Clientes directos*
1. Único punto de contacto. 2. Agilidad en el trámite de sus pedidos. 3. Asesoría personalizada.	1. Rápidez y servicio. 2. Entrega completa de todos los contratos solicitados. 3. Soporte integral.	1. Conocimiento de su empresa y de su *pool* de pólizas. 2. Trato personalizado. 3. Rápidez y servicio. 4. Único punto de contacto.

Figura 2.2.
Expectativas de los clientes respecto al servicio.

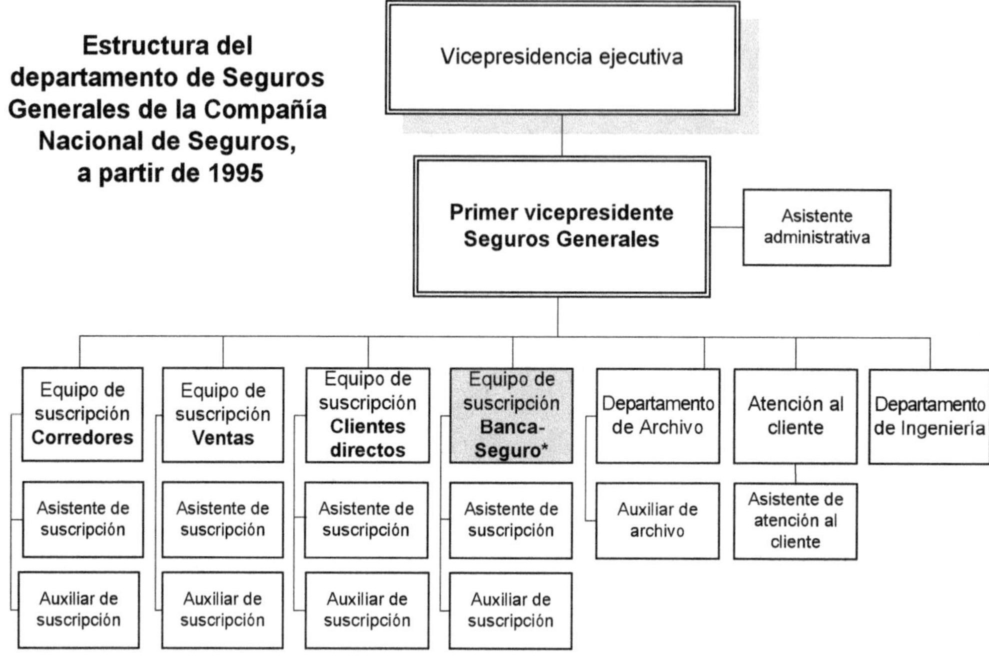

Figura 2.3.
Estructura de seguros generales orientada al cliente.

tra plataforma de servicio, que fue un referente en todo el mercado y nos satisfizo extraordinariamente. Conseguimos alinear nuestras operaciones con las necesidades y expectativas de nuestros clientes. Fue fundamental la implicación de todos mis colegas, en especial de Juana Inoa, Digna (Karla) Peña, Aida Ruiz, Evelio Martínez, Raúl Parra, Elisa Collado, Milagros Castillo, Mayra de Julián, Zoila Deñó, Maripaz Velásquez, Eduardo Mckenzie y Marino Fabián, entre otros.

Pasamos de una estructura por ramos a una estructura orientada al servicio, orientada al cliente. Este nuevo modelo lo siguió el resto del mercado y hoy es el que prevalece porque funciona. El resultado de esta reestructuración es el que se aprecia en la figura 2.3.

Para determinar cómo distribuir a nuestros clientes e intermediarios por equipos, analizamos la cartera de nuestros intermediarios para estimar el número de personas que podían atender sus pedidos. También analizamos la frecuencia con la que un intermediario nos demandaba cotizaciones, emisiones, cancelaciones, etc., para conocer el número de contactos diarios o semanales que teníamos y cuantificar el volumen de las operaciones. Clasificamos a nuestros corredores como se presenta en la tabla 2.8.

Se crearon cinco equipos de suscripción para atender este canal y tramitar todos sus pedidos y requerimientos. Es decir, un equipo era responsable de procesar todas las pólizas de sus clientes y todas las variaciones que se produjeran en un futuro: nuevas emisiones, renovaciones, aumentos y disminuciones de sumas aseguradas, renovaciones, etc.

El mismo ejercicio se hizo para el equipo de suscripción de apoyo a ventas. El canal de ventas se ha caracterizado por el bajo volumen de riesgos de alta especialización. En aquellos años, la relación de pólizas por clientes del equipo de ventas eran de una a dos y normalmente en ramos de fácil captación, como el del automóvil, por ejemplo. Pensamos en un equipo que pudiera dar apoyo desde el punto de vista técnico, como validador de las propuestas de seguros aceptadas por sus clientes y como asesor en cuanto a tasas y condiciones de asegurabilidad.

La estructura del departamento de ventas estaba dividida en «seguros de personas» y «seguros generales». En seguros generales estaban organizados por gerentes de ventas, de manera que cada gerente era responsable de un determinado número de agentes. En principio debían canalizar las propuestas de seguros de sus agentes, acompañarlos en las visitas y proporcionar asesoría técnica para cerrar las ventas. La realidad era que los mismos gerentes de ventas podían vender, con lo que parte de su tiempo lo empleaban para llevar a cabo sus propias ventas. Esta práctica se mantuvo durante mucho tiempo, y el equipo de Seguros Generales daba el soporte a Ventas asumiendo parte del rol de gerente de ventas en cuanto a asesoramiento.

En relación con el equipo de apoyo al cliente directo, se hizo un análisis de esta cartera y se encontraron muchas variaciones en cuanto al tipo de cliente. Salvo los grandes grupos empresariales, la relación de póliza por cliente era muy similar a la de

Corredor	*Volumen de cartera* (RD%)	*Frecuencia de servicio*	*Tipos de riesgo*
Tipo 1	> 15,000,000.00	Alta, 20 a 30 contactos diarios.	Especializados, grandes industrias. *Pool* de pólizas por asegurado mayor de cinco.
Tipo 2	5,000,000.00 a 10,000,000.00	Media, 15 a 20 contactos diarios.	Medianas empresas y riesgos más diversos. *Pool* de pólizas por asegurado mayor de tres.
Tipo 3	1,000,000.00 a 5,000,000.00	Baja-media, entre 0 y 15 contactos mensuales.	Pequeños comercios, pólizas más individuales. *Pool* de pólizas por asegurado de una a dos.

* Cifras aproximadas y según IPC 1990.

Tabla 2.8.
Estructura del servicio a corredores de seguros.

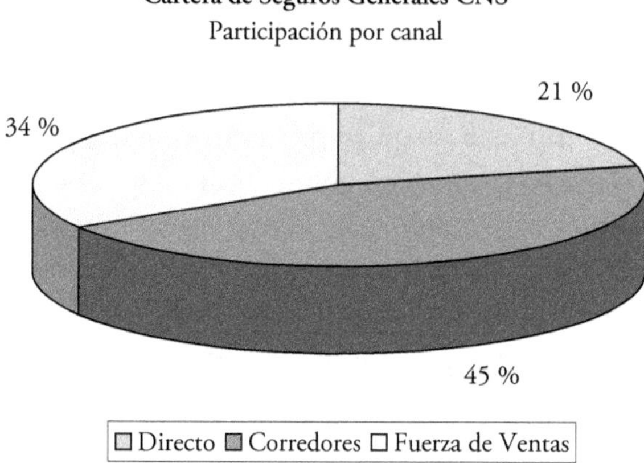

Figura 2.4.
Participación aproximada de las primas por canal CNS.

ventas (de una a dos pólizas). Este equipo daba apoyo a empresas como el Grupo Co-rripio y Shell Co., que en aquellos años preferían ser gestionadas directamente por la empresa y no a través de un intermediario.

A partir de este cambio, la distribución de la cartera de seguros generales por canal de ventas en Compañía Nacional de Seguros estuvo conformada según muestra la figura 2.4.

En el año 2000, la tendencia hacia las ventas cruzadas y alianzas estratégicas entre bancos y aseguradoras se incrementó considerablemente. Como producto de la evolución del mercado y las necesidades del mismo, las aseguradoras crearon otro tipo de alianzas con otros proveedores de servicios como los *dealers* (agencias de venta de vehículos), empresas de servicios funerarios, alquiler de vehículos, agencias de viajes, colegios, etc.

Las relaciones entre Compañía Nacional de Seguros, Bancrédito y otras empresas del Grupo Financiero Nacional se intensificaron y en el año 2000 se creó un equipo de suscripción exclusivo para apoyar al de asesores de seguros que trabajaba en Bancrédito. Este equipo pasó a llamarse Banca-Seguros y, al igual que otros, se encargó de gestionar las necesidades de los clientes que llegaban a través del banco.

Cada equipo estuvo manejado por personas muy profesionales, con amplios conocimientos técnicos y una clara vocación de servicio.

Esto ayudó a mejorar el servicio y su percepción, con la consiguiente satisfacción de nuestros corredores, clientes directos y agentes de ventas, que acogieron positiva-mente la iniciativa. Se redujo el plazo de entrega de los contratos de 20 a 1-5 días. Esto nos acercó muchísimo a nuestros intermediarios y clientes, y a consolidar la re-lación con los reaseguradores.

La creación del departamento de «mercadeo y negocios» también influyó en la con-solidación de las relaciones con el canal de corredores y clientes directos.

Desde una posición de liderazgo consolidada en el mercado, la empresa introdujo a finales de 1999 nuevas metodologías de trabajo basadas en la calidad total. Con la ayuda de un equipo de consultoría externa y los jefes de las distintas áreas se inició un análisis de las actividades de cada departamento y, como resultado, se definieron sus respectivas misiones y principios. Se detectaron oportunidades de mejora y se cre-aron equipos multidisciplinares para estudiar estos procesos y proponer los cambios oportunos.

Finalmente, en el año 2000, la empresa decidió invertir en una nueva plataforma tecnológica para agilizar todas las operaciones.

Los clientes

La Compañía Nacional de Seguros fue un referente en el mercado en cuanto a pro-fesionalidad, servicio y seriedad. Se había creado una filosofía de trabajo.

La manera de llevar las operaciones proporcionó una cartera estable de clientes y vínculos más sólidos con los asegurados, especialmente con los más grandes, que re-presentaban el 80 % de las primas.

Con la introducción de valores agregados a los servicios tradicionales de protección, se complementó una oferta con otros servicios, como el de Plan Renta, el Asistencia Vial (ramo del automóvil), acuerdos con Bancrédito para los clientes que disponían de tarjetas de crédito (ramo de accidentes personales), plan de seguros para los em-pleados del Grupo Financiero Nacional, planes de seguros para pequeñas y medianas empresas, centros de formación, etc.

Sin duda alguna, la forma con la que se respondió y la rapidez con que se pagaron las indemnizaciones por los daños causados por el huracán *Georges,* nos permitieron avan-zar en nuestro crecimiento.

Un día después del siniestro, el equipo de seguros generales, el de reclamaciones y la vicepresidencia ejecutiva estaban atendiendo los requerimientos de los asegurados. Fue un trabajo arduo para todos, pero reportó grandes satisfacciones y, sobre todo, estrechó los lazos de los asegurados con la empresa.

La política de suscripción

Con el auge económico del país y el incremento de las importaciones de vehículos, el ramo del automóvil experimentó un importante crecimiento en cuanto a primas suscritas, con un promedio del 38.29 % (desde 1997-2001) y una siniestralidad que llegó a alcanzar en 2001 un 81.40 %.[7]

A raíz de la creciente siniestralidad que experimentaban los ramos del automóvil, fidelidad, robo con violencia, incendio y líneas aliadas (en los renglones de riesgos catastróficos), trabajamos muy de cerca con el departamento de reclamaciones e ingeniería para exigir mejores niveles de suscripción. La estructura de servicios que habíamos ideado nos ayudó a controlar mejor la cartera individual de corredores y el comportamiento siniestral de sus clientes, determinante para la fijación de tasas, conceptos deducibles y condiciones especiales.

Se pretendía que el equipo de suscripción cumpliera su función técnica, pero que también supiera negociar las condiciones con los corredores de seguros. Conseguí que ellos mismos trabajaran con los corredores, asesorándoles sobre la manera como podían ganar los dos y dar una mayor satisfacción al asegurado.

Todos los aspectos técnicos relacionados con el reaseguro eran canalizados a través

	1997	*1998*	*1999*	*2000*	*2001*
Total primas CNS	781,080,430	890,209,245	1,115,438,125	1,440,778,196	2,003,068,871
Vida	98,124,347	88,714,419	97,751,599	112,874,657	135,293,096
Accid. personales y salud	147,331,508	151,986,533	199,561,134	280,307,791	423,612,691
Incendio y líneas aliadas	256,282,328	277,977,192	378,119,983	464,809,009	582,384,055
Naves marítimas y aéreas	4,183,755	5,215,270	6,586,647	11,153,987	15,668,838
Transporte de carga	36,321,372	56,115,795	55,678,349	50,646,595	55,008,126
Vehículo de motor	132,709,530	155,649,551	208,696,095	278,825,544	468,952,889
Fianzas	15,741,957	22,067,193	24,114,980	25,431,084	39,606,221
Otros seguros	90,385,633	132,483,292	144,929,340	216,729,529	282,542,954
Total seguros generales	682,956,083	801,494,826	1,017,686,527	1,327,903,539	1,867,775,774
Cartera de CNS (%)	87	90	91	92	93
Market share (%)	23	23	22	24	28
Total mercado seguros generales	3,000,182,911	3,516,700,616	4,542,384,863	5,604,931,794	6,584,053,912

Valores en RD$.

Tabla 2.9.
Primas cobradas en seguros generales por CNS en relación con el mercado en el período 1997-2001.

---

[7] Revista *Cadoar*, «Siniestralidad», año 7, núm. 17, abril de 2002, págs. 24-25.

del departamento de reaseguros, que realizó una buena labor y compartió con los equipos de suscripción la información necesaria para el manejo técnico de cada ramo y para que se hiciera una correcta valoración del riesgo.

La tabla 2.9 representa los volúmenes de producción alcanzados en seguros generales entre 1997 y 2001, con un promedio del 90 % de las primas cobradas por Compañía Nacional de Seguros, que consolidó su posición de liderazgo con una participación del 28 % en 2001 en el *ranking* de primas cobradas del mercado.

Compañía Nacional de Seguros ocupaba una excelente posición en un mercado que incrementaba la concentración de primas en las principales aseguradoras. Se creó una competencia muy agresiva, ocasionada sobre todo por empresas de seguros vinculadas a grupos bancarios que buscaban el crecimiento a corto plazo, olvidándose de la naturaleza del negocio de seguros. Las consecuencias de esta práctica dieron lugar a una de las crisis del sector financiero más relevantes de los últimos treinta años.

Dada la alta concentración del mercado, las posibilidades de supervivencia de las empresas que no se encontraban entre los diez primeros lugares eran muy escasas. Debe tenerse en cuenta que de las cuarenta y tres empresas de seguros existentes en 2001, las primeras veinte concentraban el 97.03 % de las primas del mercado, y dejaban al resto un volumen de primas que alcanzaba apenas el 3.07 %.

Ante esta realidad, la mejor manera de competir y ganar participación era a través de la adquisición de carteras y la fusión entre empresas de seguros.

Las políticas de fusiones[8] se iniciaron en el año 2000, cuando surgió la primera fusión entre Transglobal de Seguros y Seguros La Antillana. A ésta le siguieron otras, como las de Universal y Seguros América, en 2001, y más tarde la de Universal-Seguros América con La Americana y el de la adquisición por Compañía Nacional de Seguros de Magna y Transglobal-Seguros La Antillana. También se fusionaron dos empresas de correduría: Franco-Acra & Asociados con Tecniseguros.

En el año 2000, fui nombrado vicepresidente ejecutivo por el señor Felipe Mendoza, que tras haber ocupado esta posición fue nombrado, a su vez, CEO *(chair executive officer)* del Banco Nacional de Crédito y presidente de Compañía Nacional de Seguros, CXA.

La adquisición de estas nuevas empresas en el año 2001 supuso un verdadero reto para todo el equipo de personas de la empresa. La situación ante la que nos encontramos fue que la cartera de clientes adquirida no gozaba de los mismos criterios técnicos que tenía la nuestra. Se asumieron estas diferencias y se empezó a trabajar.

---

[8] La *fusión de empresas* es la unión de dos o más personas jurídicamente independientes que deciden juntar sus patrimonios y formar una nueva sociedad. La adquisición consiste en la compra por parte de una persona jurídica del paquete accionarial de control de otra sociedad, sin fusionar sus patrimonios.

Absorbimos un reducido número de empleados y algunos de los principales directivos de las empresas adquiridas.

Fue un reto difícil porque había un proyecto de cambio de tecnología en marcha y se debía trabajar en muchas direcciones, sobre todo en lo que respecta a comunicación institucional e interna.

La adaptación de los empleados a este cambio fue manejada con mucha prudencia, porque no se pretendía perder el clima abierto y participativo que alcanzamos en la empresa.

Fue un proceso corto, que contó con una extraordinaria colaboración de todas las áreas de la empresa, desde la de dirección hasta la del departamento de cobros, reclamaciones, etc.

Al final de 2001, la Compañía Nacional de Seguros se posicionó como la empresa líder con una participación del 28 %, un volumen de primas cobradas de RD$2,003,068,870.60 y un crecimiento en primas cobradas del 100 %.

Las fusiones y adquisiciones tuvieron un efecto muy positivo en el mercado, ya que ayudaron a mejorar los resultados de 2001, sobre todo en cuanto a costos de explotación (gastos generales y administrativos), que pasaron del 18.6 % al 16.1 %.

La fusión de empresas y la aplicación de medidas para contener el crecimiento de los costos de operación, permitió mejorar los indicadores de eficiencia. De este modo, la relación de comisiones pagadas sobre primas se redujo en casi dos puntos porcentuales, hasta el 10 %, mientras que la relación de gastos de administración sobre primas disminuyó hasta el 15 %. El aumento más que proporcional de las comisiones recibidas de los reaseguradores contribuyó a mejorar la relación de los costos operativos netos de reaseguro sobre las primas retenidas hasta el nivel 255, un 3 % inferior al registro de 2001, y algo más del 5 % menor en relación con el promedio de los anteriores cinco años.

Por otro lado, el costo de intermediación calculado sobre primas suscritas sufrió un ligero incremento, al pasar del 11.53 % al 12.03 % en 2001. Los aseguradores habían ajustado las comisiones a los intermediarios separando las comisiones que había que pagar entre riesgos catastróficos y no catastróficos, a fin de que se ajustara a la reducción impuesta a las comisiones recibidas de los reaseguradores. El sector asegurador exhibió una notable mejoría en los resultados, atribuible única y exclusivamente a la reducción sustancial de los gastos administrativos, ya que los ingresos financieros netos se redujeron en más de un 10 %.[9]

---

[9] «Informe ejecutivo muestra participación del seguro en economía dominicana durante 2001», revista *Cadoar*, núm. 17, noviembre 2002, pág. 22.

Este proceso de cambio en la estructura del mercado estuvo acompañado del incremento del costo de reaseguro, que en 2001 superó el 30 %, y que comparado con el de las primas, 20.5 %, denota una diferencia significativa entre ambos renglones, lo cual determinó que las aseguradoras ajustaran sus primas, con el fin de hacer frente a estos costos.

Respecto a las comisiones recibidas por reaseguros cedidos, éstas se redujeron sustancialmente, al pasar del 19.5 % al 17.9 %. El motivo principal lo encontramos en las catástrofes provocadas por el huracán *Andrews,* que en 1992 obligó a retirarse a muchos reaseguradores del mercado centroamericano. Los que se quedaron establecieron una serie de medidas que el mercado tuvo que asumir, si bien con los huracanes *Georges* y luego el *Mitch,* en 1998, los reaseguradores exhibieron nuevas condiciones. Cuando el sector reasegurador estaba en fase de recuperación, ocurrió lo inesperado: los atentados del 11 de septiembre de 2001 en Nueva York. Sus efectos comportaron la exclusión de la cobertura de terrorismo o su oferta con primas muy elevadas, el aumento en las tasas de riesgo de guerra en todas las pólizas, la reducción de la capacidad, especialmente donde existían grandes exposiciones catastróficas, las limitaciones de cobertura, la reducción de comisiones, los esquemas alternativos de protección, las auditorias constantes en suscripción y en siniestro, las exigencias de información completa de los riesgos, la desaparición de jugadores del mercado y la imposición de exigencias relativas al margen de solvencia en nuestra legislación.

El mayor logro de Compañía Nacional de Seguros, y en especial de su departamento de seguros generales, fue contar con equipos de personas implicadas, orientadas al servicio, polivalentes y motivadas.

Una buena experiencia es repetible si en ella subsiste una filosofía de trabajo y un espíritu de equipo sólido, coherente y con capacidad para trascender.

Capítulo 3

Cambio de rumbo

Los cambios que se sucedieron en algunos países a partir de los atentados del 11 de septiembre de 2001 en Nueva York repercutieron en la vida económica de República Dominicana y, en especial, en la actividad aseguradora. El impacto de estos cambios en economías tan dependientes de la estadounidense, influyeron en la desaceleración del desarrollo por la disminución de los flujos del turismo, el incremento de los precios del combustible y la caída del dólar en los mercados internacionales, entre otros efectos negativos.

El sector asegurador, que había experimentado un significativo crecimiento con el auge económico de finales de la década de 1990 y que mantenía una tendencia a la concentración, producto de las fusiones y adquisiciones entre empresas del sector, se vio afectado por las estrictas condiciones del reaseguro impuestas por los reaseguradores internacionales.

El fortalecimiento de los grupos financieros con la integración de bancos y empresas de seguros hacía aún más feroz la competencia en el sector asegurador.

Como consecuencia del 11 de septiembre y de las acciones que Estados Unidos inició contra el terrorismo, República Dominicana se adentró en una de las etapas de mayor desaceleración económica de los últimos quince años. Este hecho afectó considerablemente al sector financiero e hizo cambiar el panorama de la actividad aseguradora a partir del año 2003.

La desaparición de importantes empresas del sector define una etapa de revisiones del sistema, de imposición de nuevas regulaciones y de mayor vigilancia por parte de organismos oficiales. El surgimiento de la Ley 146-02 sobre seguros privados y fianzas, que modificó la anterior Ley 126, introdujo importantes cambios en cuanto al funcionamiento de las empresas de seguros.

El surgimiento de nuevas empresas también fue un acontecimiento renovador para el sector. Entre ellas, Seguros Banreservas, creada por el Banco de Reservas en el año 2001.

En palabras de quien fuera el administrador del Banco de Reservas, Manuel Lara,

Seguros Banreservas se insertó en lo que era la nueva concepción y visión de negocios que se impulsó en el Banco de Reservas.

Este capítulo describe la etapa de gestión de un equipo de personas que transformó Seguros Banreservas en una empresa pública manejada con los criterios de una empresa privada. Simón Mahfoud explica las claves de esta gestión, donde los principales protagonistas fueron las personas que formaron parte del equipo humano de Seguros Banreservas en el período 2002-2004.

* * * * *

Creación de Seguros Banreservas

Inicié mi colaboración en Seguros Banreservas con claras indicaciones de su administrador, el señor Manuel Lara, de llevar la empresa a una importante posición en el mercado. Los objetivos pasaban a ser los siguientes:

– Situar a Seguros Banreservas entre las primeras empresas de seguros del país.
– Desvincular la imagen de Seguros Banreservas de la de Seguros San Rafael y convertir a nuestra compañía en la empresa de seguros del pueblo dominicano.
– Consolidar un equipo de trabajo con prácticas de gestión de recursos humanos satisfactorias, y contratar al personal por su preparación y su mérito y no tomando como premisa la alineación política. Así, se contrató a casi doscientos empleados, todos provenientes del sector privado.
– Mantener eficaces y eficientes niveles técnicos y operacionales.

A modo de resumen, los valores, la misión y la visión se sintetizaron en lo que sigue:

• **Misión**
Garantizar la tranquilidad de los clientes y brindar la mejor protección a sus bienes, mediante los productos y servicios más completos del mercado y con un excelente trato personalizado.

• **Visión**
Ser la primera opción de seguros del mercado dominicano, diferenciada por un excelente servicio, estructurada con el capital humano más cualificado y dotada de los mejores recursos tecnológicos.

• **Valores**
Excelencia, liderazgo, vocación de servicio, trabajo en equipo, ética y lealtad.

La formación del equipo

Sabía cuáles eran los objetivos y tenía una idea bastante precisa de las estrategias, pero ni una cosa ni la otra podían ponerse en marcha sin un equipo de personas que las hicieran posible. Todo lo que se consiguió durante los tres años que estuve al frente de Seguros Banreservas, fue gracias a la capacidad de gestión de nuestro equipo y al apoyo recibido de clientes, intermediarios, reaseguradores y, muy especialmente, de la más alta dirección de la empresa, que no permitió ningún tipo de injerencia política en las decisiones que tomábamos, en un ambiente de confianza, proximidad y transparencia.

A partir de un reducido núcleo de cinco empleados provenientes de Seguros San Rafael, personal técnico y de informática que llevaba muchos años en aquella empresa, se fue integrando paulatinamente en Seguros Banreservas el equipo de personas que me acompañó en la Compañía Nacional de Seguros.

La primera persona en acompañarme fue mi asistente, Leonor Rivas, quien llevó a cabo múltiples funciones, desde el reclutamiento y la selección de algunos empleados hasta la organización y la puesta en marcha de los más pequeños detalles de nuestras instalaciones.

Orígenes de Seguros Banreservas

El Banco de Reservas se había mantenido como una institución muy burocrática, con la percepción por parte del ciudadano de que funcionaba igual que una oficina pública, pero bancaria. Nuestra intención y la del equipo directivo fue convertirla en una empresa del Estado capaz de competir en el mercado. La realidad era que para poder competir no bastaban los servicios bancarios, sino que necesitábamos integrar los servicios de seguros. En el mercado dominicano, todos los grupos bancarios tenían su empresa de seguros con el fin de dinamizar ambos negocios, ya que son complementarios y el cliente recibe un servicio más completo e integrado.

Para poner en marcha el proyecto existían dos opciones: la primera, partir de Seguros San Rafael (la aseguradora más antigua del mercado nacional) que dependía del Grupo CORDE (Corporación de Empresas del Estado), cuyo patrimonio se había cedido al Banco de Reservas, en un proceso de cesión de este grupo de empresas impulsado por el gobierno de Hipólito Mejía, con el fin de reducir la deuda que estas empresas tenían con el Banco de Reservas; o, en segundo lugar, iniciar una empresa partiendo de cero. Después de varios debates y opiniones, se decidió empezar desde cero.

La decisión fue liquidar el patrimonio de Seguros San Rafael y crear Seguros Banreservas. No se quiso tomar en cuenta el local, ni el nombre comercial, ni las personas, salvo algunos intermediarios (agentes) a los que se motivó para que continuaran en Seguros Banreservas, y con ellos algunas pequeñas cuentas, muy adecuadas para iniciar las operaciones de la nueva empresa.

Así surgió Seguros Banreservas, con un capital aportado por el Banco de Reservas en su totalidad. No obstante, para cumplir con la legislación dominicana en materia de constitución de sociedades, buscamos otros socios, otras entidades del Estado que pudieran ser accionistas, que aportaran relaciones y apoyaran, con recursos y con clientes, este pro-

Poco a poco fui formando un equipo de personas, con una amplia experiencia en el sector asegurador, que en su mayoría provenían de la gran escuela del seguro que fue la Compañía Nacional de Seguros

Así, conformamos un equipo gerencial que traía las mejores prácticas de distintas empresas del mercado:

- Vicepresidente financiero, Seguros San Rafael.
- Director de informática, Seguros San Rafael.
- Director técnico, Seguros San Rafael.
- Gerente de reaseguros, Seguros San Rafael.
- Gerente de seguros personales, Seguros San Rafael.
- Director de reclamaciones, Compañía Nacional de Seguros (Segna).
- Director de ventas-proseguros.
- Director de negocios, Compañía Nacional de Seguros (Segna).

---

yecto. También buscamos empresas que tuvieran una imagen pública bien posicionada.

Se constituyó con accionistas públicos porque las experiencias del Estado con accionistas privados no habían sido muy positivas. Más de 35 años de experiencia personal en el mundo empresarial y ocho años en el sector público (cuatro de los cuales, al frente del Banco de Reservas), me reafirman en esta afirmación.

Seguros Banreservas se constituyó el 18 de octubre de 2001 y abrió sus puertas el 5 de marzo del año 2002. Su capital inicial fue de ciento cincuenta millones de pesos.

En el Grupo Banreservas primó siempre el criterio de buscar personal altamente cualificado, por encima de la posición profesional que ocupase en aquel momento o de las condiciones económicas de su contratación. Por supuesto, dentro de un presupuesto razonable.

Para dirigir Seguros Banreservas, se buscó a alguien con experiencia y con la voluntad de formar parte de nuestro equipo. Se entrevistó a diversas personas, entre las cuales a Simón Mahfoud, un profesional con una trayectoria impecable y unas referencias excelentes.

Antes de cualquier entrevista se investigaban los antecedentes del candidato y se pedían referencias a personas relacionadas, con el fin de disponer de la información que permitiera hacer una evaluación equilibrada. Los requisitos del candidato ideal debían coincidir con unos valores: integridad, honestidad, capacidad de trabajo y liderazgo.

El mayor logro de esta etapa fue manejar una institución del Estado con criterios puramente empresariales. Se trabajó mucho para mostrar a los clientes las fortalezas de la empresa, en las que los empleados ejercían un papel esencial, y que la calidad de nuestros servicios era similar o mejor a la de una empresa privada.

El conjunto de empresas que operaron bajo la sombrilla del Banco de Reservas fueron exitosas. La buena gestión fue el resultado de un trabajo en equipo.[1]

---

[1] Entrevista efectuada al señor Manuel Lara, ex administrador del Banco de Reservas de República Dominicana, a propósito de esta obra, en enero de 2007.

– Director de proyectos, Compañía Nacional de Seguros (Segna).
– Director de banca-seguros, Universal América.

Contratamos un número significativo de personas provenientes de otros sectores empresariales, que, sin tener experiencia en el sector asegurador, poseían unas aptitudes y actitudes muy alineadas con nuestra cultura.

El perfil de las personas que pasaron a formar parte de Seguros Banreservas eran en un 95 % universitarios, muchos de los cuales (un 30 %, aproximadamente) disponían de un master en distintas áreas de especialización. La edad media de la plantilla era de veintisiete años.

Más que aptitudes, buscábamos actitudes y valores en las personas, porque son éstas las que establecen diferencias de comportamiento en cualquier circunstancia de la vida. Entre ellas destacaban la pasión por el servicio, la honestidad, la lealtad y la responsabilidad.

Con parte del equipo a bordo y con un proyecto de envergadura entre manos, se pusieron en marcha las operaciones en el tercer piso de un viejo edificio de la calle Lope de Vega, esquina con Gustavo Mejía Ricart, y nos fuimos acomodando paso a paso, sin dejar de hacer nuestro trabajo.

Los siguientes pasos

En primer lugar, se analizó la situación del mercado para hacer un diagnóstico adecuado y guiar los pasos del negocio. La figura 3.1 muestra el análisis DAFO que ayudó a conocer en profundidad la situación interna y externa de Seguros Banreservas.

La información del DAFO[2] permitió establecer una definición de negocio coherente con unos valores y una filosofía empresarial trascendente y definir las diferentes estrategias de Seguros Banreservas.

Identificamos una serie de factores clave para que la propuesta empresarial fuera exitosa. Sabíamos que para poder conseguir los objetivos definidos debíamos enfocar nuestros esfuerzos en las seis áreas que se representan en la figura 3.2.

---

[2] DAFO: acrónimo de «debilidades, amenazas, fortalezas y oportunidades», es una metodología de análisis que busca determinar en función del análisis interno (fortalezas y debilidades) y externo (amenazas y oportunidades), las ventajas competitivas de una organización en el marco de un mercado.

FACTORES INTERNOS

Fortalezas	*Debilidades*
1. El respaldo del Grupo Banreservas. 2. Un equipo altamente capacitado y experimentado. 3. Un proyecto nuevo. 4. El equipo directivo. 5. Servicio diferenciado, pasión por el servicio y muy especial atención a los detalles. 6. La confianza de los reaseguradores.	1. Empresa del Estado. 2. La amenaza de no continuidad típica en la gestión de empresas estatales. 3. Que funcionase igual a una empresa pública. 4. Escasa cartera de clientes.

FACTORES EXTERNOS

Oportunidades	*Amenazas*
1. Un mercado de seguros competitivo y sólido. 2. Creciente penetración del seguro en la población. 3. Varios segmentos del mercado con necesidades de protección insatisfechas. 4. Un marco legal más claro y acorde a las necesidades del mercado de seguros.	1. La concentración de las principales empresas del mercado. 2. Poca credibilidad por parte de clientes y corredores. 3. La asociación de la imagen de Seguros Banreservas con Seguros San Rafael. 4. La crisis económica que experimentaba el país. 5. Constreñimiento del mercado de reaseguros mundial.

Figura 3.1.
Análisis DAFO (debilidades, amenazas, fortalezas y oportunidades).

Despliegue estratégico

Conociendo las áreas en las que no debíamos fallar, el equipo gerencial elaboró para cada objetivo la estrategia funcional y el factor clave del éxito que se debía tener en cuenta (véase la tabla 3.1).

El detalle de las estrategias utilizadas para la consecución de estos objetivos y los resultados obtenidos es lo que vamos a tratar en los apartados siguientes.

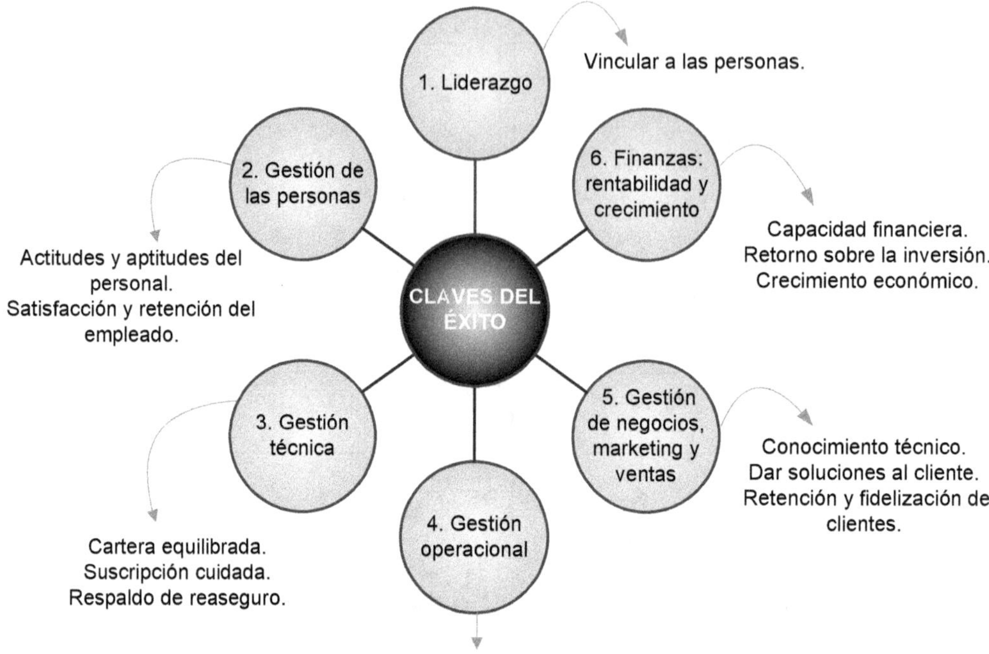

Figura 3.2.
Factores clave del éxito.

Objetivos estratégicos	*Tipo de estrategia*	*Factores clave del éxito*
1. Incrementar la participación de la empresa en el mercado, llevándola a ocupar una de las diez primeras posiciones.	Crecimiento. Funcionales: operativas.	Negocio. Mercadotecnia. Ventas.
2. Satisfacer y fidelizar a los clientes mediante adecuadas prácticas de gestión del servicio.	Diferenciación. Funcionales: operativas.	Gestión de personas. Gestión operacional.
3. Satisfacer y fidelizar a nuestros empleados mediante el liderazgo activo.	Funcionales: recursos humanos.	Liderazgo. Gestión de personas.
4. Velar por el funcionamiento correcto de nuestras operaciones, con índices técnicos eficientes y eficaces.	Funcionales: técnicas y operativas.	Gestión técnica. Gestión financiera. Gestión operacional.

Tabla 3.1.
Estrategias funcionales y factores clave del éxito.

Estrategia de negocios

Para situar a Seguros Banreservas entre las primeras empresas del país, se debía trabajar en la consecución de objetivos orientados a negocios:

- Aumentar las primas cobradas, en volumen y en número de clientes.
- Disponer de una cartera de productos equilibrada, en cuanto a la contribución de cada línea de negocio y de los clientes.
- Satisfacer, fidelizar y retener al cliente.
- Apoyarse en una estructura de servicio acorde con la propuesta comercial.
- Cartera de productos.

Seguros Banreservas ofreció desde el principio una amplia gama de seguros para cubrir distintas necesidades de protección. Posteriormente, se amplió la oferta al crear servicios de protección combinados con otros financieros, como accidentes personales para los clientes de tarjetas de crédito del Banco de Reservas, Vida Reservas, por ejemplo.

Se crearon programas de seguros orientados a las necesidades de protección de las familias y se desarrollaron otros servicios adicionales muy valorados por los clientes. Entre ellos, en el ramo de automóvil:

- Ampliar la variedad de servicios, tradicionalmente basado únicamente en traslados o en el remolque del vehículo hasta el lugar indicado por el asegurado.
- La afiliación a la Casa del conductor, con un asesor legal para cualquier incidencia relacionada con la vía pública.
- Facilitar al asegurado que había sufrido un accidente de tráfico la renta de un vehículo a cargo de la empresa, mientras el suyo estuviera en reparación.

Estrategia de crecimiento

La figura 3.3 puede servir para explicar la estrategia de crecimiento que se llevó a cabo en Seguros Banreservas.

Como la compañía estaba autorizada a operar con todos los ramos de seguros: incendio y líneas aliadas, vida (individual y colectivo), responsabilidad civil, ingeniería, accidentes personales, naves marítimas y aéreas, transporte marítimo y terrestre, etc., poseía la plataforma de productos con los que desarrollar una penetración en el mercado. La estrategia fue «producto o servicio existente en mercado existente».

También se optó por extender el ámbito de actuación a todo el país, llegando de la mano de las oficinas del Banco de Reservas y mediante una red de ventas propia a todo el territorio nacional. En este punto se optó por la estrategia «producto o mercado existente en un nuevo mercado y con un nuevo canal».

Se contaba con el respaldo del Grupo Banreservas para crear una base de clientes propia, sin necesidad de recurrir a la compra de cartera.

Se empezó a captar clientes por todos los canales: el directo, los intermediarios (corredores), la banca-seguro y la fuerza de ventas propia. Primero sin agentes y, al final del año 2004, con doscientos cincuenta agentes y cuarenta ejecutivos de banca-seguro.

Con los corredores de seguros se consiguió muy buena gestión de negocio y los resultados fueron extraordinarios.

La fuerza de ventas y el canal banca-seguros eran muy importantes. Se apostó por

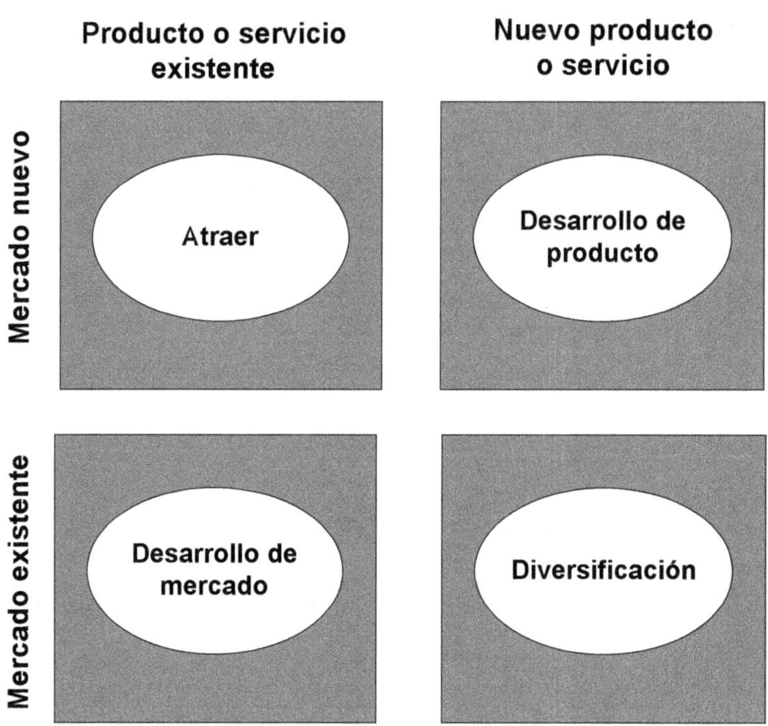

Figura 3.3.
Matriz de crecimiento aplicable a un mercado.

su desarrollo profesional y se le proveyó de todo el apoyo operacional y técnico que permitiera llevar a cabo las cuatro actividades básicas en una propuesta de servicio: atraer, vender, satisfacer y fidelizar.

Estrategia de diferenciación

El hecho de formar parte del grupo Banreservas, vinculado al Estado dominicano, hizo que muchas personas vieran a la compañía como una empresa más del Gobierno.

Cambiar esta apreciación tomó tiempo y esfuerzo. Entendíamos que esto fuese así y que existiera cierta desconfianza y reticencia por la experiencia que algunos asegurados habían experimentado con la desaparecida Seguros San Rafael.

Fue necesario demostrar que Seguros Banreservas era una empresa diferente. Éramos unos viejos conocidos en un mercado que necesitaba aires nuevos, otras opciones para el cliente y también para los corredores y proveedores en general.

Se desarrolló un notable esfuerzo por conseguir los mejores empleados del mercado, para crear una cultura enfocada al cliente, para proporcionar toda la formación necesaria para cada puesto de trabajo y para dar importancia a los aspectos técnicos del negocio a fin de asegurar unos buenos resultados de gestión.

Cuando alguien decide asegurarse, no le influye tanto la firma aseguradora como la persona con la que entra en contacto. Una empresa atrae por las personas que trabajan en ella. Todas las aseguradoras ofrecen servicios similares; la diferencia estriba en la manera como se gestionen y sean capaces de responder a las necesidades y expectativas de los clientes que, como ya se ha mencionado, se fundamentan en la confianza.

En el sector asegurador, la confianza es uno de los pilares del crecimiento. Por ello basar la diferenciación en las personas que integraban Seguros Banreservas, hombres y mujeres jóvenes, intelectualmente preparados y con capacidad en sus respectivas áreas y especialidades, resultó ser un factor decisivo.

Se pusieron en marcha diversas acciones, unas internas con propuestas de servicio, y otras externas mediante lo que se denomina «efecto presencia». El seguro, insisto, se basa en la confianza, y para confiar se debe conocer y para conocer se debe mostrar, interactuar, es decir, estar presente en un determinado escenario.

Se recurrió a la publicidad con una inversión reducida (el presupuesto en ese área no llegaba al 3 % de los gastos operacionales), pero nuestro mayor foco de atención se centró en las relaciones públicas.

Se acompañó a los representantes en las visitas a los clientes y se visitó a los corredores; la cuestión era que la gente conociera a las personas que estaban detrás del negocio. La participación en programas de televisión, en eventos deportivos, educativos y sociales, sirvió para transmitir una imagen de profesionalidad, servicio y honestidad.

Otro factor que contribuyó a esta percepción fue la imagen positiva que el propio Banco de Reservas ofrecía en todo el territorio nacional.[3]

El enfoque en las personas, en los clientes y en la calidad del servicio dio mucha credibilidad y fueron determinantes en los resultados de la empresa.

Estrategias de posicionamiento

Como anteriormente se ha comentado, el posicionamiento deseado fue ser «su alternativa de protección».

Queríamos que los clientes nos distinguieran por la transparencia y honestidad que exhibíamos en nuestras actuaciones y que nos eligieran como su asegurador de por vida.

Buscábamos posicionarnos como una empresa próxima, abierta, con la capacidad de ofrecer soluciones de protección completas e integrales, con empleados motivados y satisfechos, que eran verdaderos gestores de las relaciones con los clientes, con la misión de satisfacerles, retenerles y fidelizarles. Se logró el índice de rotación de personal más bajo del mercado: el 1 %.

Se pretendía que el proceso de contratar un seguro fuese sencillo, transparente y rápido. Y se consiguió.

Estrategias funcionales

Las estrategias funcionales son un soporte importante en la consecución de los objetivos trazados por la organización. Hacen referencia a cuantas funciones existan en ella y deben ser coherentes con las estrategias definidas.

Como ilustra la tabla 3.1, cada uno de los objetivos está relacionado con sus estrategias y factores clave del éxito.

Para ver algunas de las estrategias que hicieron posible los resultados conseguidos, la tabla 3.2 resume en cuatro puntos la propuesta de servicio utilizada.

---

[3] En el período de diciembre del año 2000 al mismo mes de 2003, aumentó su participación en el mercado de un 20.1 % a un 25.5 %, sus activos en un 154 %, sus depósitos en un 188 % y su cartera neta en un 157 %.

- **Atraer**

En Seguros Banreservas, se puso a disposición del asegurado toda una amplia variedad de opciones y planes orientados a sus necesidades de protección. El cliente podía elegir cómo y cuándo localizarnos: a través de las oficinas, por teléfono y página web, con horarios de servicio flexibles.

El personal estaba capacitado, era sensible a las necesidades del cliente y tenía el firme propósito de facilitarle el proceso de contratación de su póliza.

Se reforzaron los esfuerzos de captación del cliente a través de las acciones de comunicación y mercadotecnia, mediante la consolidación de una imagen corporativa creíble, publicaciones institucionales, ruedas de prensa, relaciones públicas, patrocinios, etc. Con estas acciones se ganó prestigio y credibilidad.

- **Vender**

Para vender seguros se debe conocer el mercado, las condiciones que ofrece la competencia y los límites y las políticas de suscripción que forman parte de la gestión técnica de la empresa. El personal de ventas debe tener un profundo conocimiento de los productos y debe apoyarse en técnicas de ventas más orientadas

1. Atraer	*2. Vender*	*3. Satisfacer*	*4. Fidelizar*
1. Productos. - Variadas opciones de cobertura de seguros para cada necesidad de protección. - Desarrollo de planes de seguros dirigidos a pequeños comercios, familias, etc. 2. Disponibilidad del servicio. 3. Personal capacitado, capaz de identificar las necesidades del cliente. 4. Comunicación.	1. Suscripción y tarifas competitivas. 2. Solicitudes de seguros y contratos de seguros. 3. Argumentos de ventas. 4. Acciones y campañas comerciales. 5. Presentación de las cotizaciones, las pólizas, los marbetes, etc. 6. Catálogos, puntos de información.	1. Servicios adicionales. 2. Indemnizar al asegurado según las condiciones contractuales asumidas. 3. La estructura del servicio. 4. Dedicada atención a los detalles.	1. Desarrollo del cliente. 2. Extender la vida media del cliente. 3. Recomendación a terceros. 4. Mayor venta por repetición.

Tabla 3.2.
Estrategias funcionales y operativas desarrolladas en Seguros Banreservas.

a las de un especialista del seguro. Se debe contar con argumentos de ventas específicos para cada tipo de cobertura.

Todo el material de apoyo a ventas debe estar a disposición del vendedor: las solicitudes de seguros, los contratos de pólizas, los endosos, los marbetes… en formatos sencillos y claros para el cliente.

En Seguros Banreservas se inauguraron los «Servi puntos», centros de servicios en puertos, aeropuertos y diferentes puntos de agentes locales en todo el país, con el fin de ampliar las opciones de acceso a los servicios.

Además, siguiendo la política de ofrecer una amplia gama de soluciones, con el apoyo del Banco de Reservas, se consiguió que los clientes adquirieran más servicios con ambas entidades.

- **Satisfacer**

En seguros, para satisfacer debe tenerse presente que se vende un servicio que se materializa en el momento en el que ocurre un siniestro y se tiene que indemnizar al asegurado. Lo rápido, eficiente y transparente que sea el proceso ayudará a aumentar o disminuir la satisfacción del cliente y su retención en la empresa. En Seguros Banreservas, el plazo de pago de una reclamación llegó a ser inferior a siete días, muy por debajo del promedio del mercado, que era de quince días.

La manera de manejar las interacciones con el cliente también contribuye a aumentar su satisfacción. La atención a los detalles del servicio asimismo ayuda a vincular al cliente, por lo que la empresa debe pensar en todo lo que un cliente puede necesitar en el momento en el que requiere sus servicios.

- **Fidelizar**

Para fidelizar hay que ser capaz de ser coherente con la propuesta de servicio. Un cliente satisfecho prescribirá más clientes, comprará más productos y aportará mayor rentabilidad durante su vida media en la empresa.

Estrategias operacionales

Lo operacional está relacionado con la manera en que se organizan las operaciones para satisfacer las necesidades del cliente.

El conocimiento de cómo atraer, vender, satisfacer y fidelizar ayudó al equipo de Seguros Banreservas a diseñar sus procesos operacionales para que la entrega del servicio al cliente fuese eficiente y eficaz.

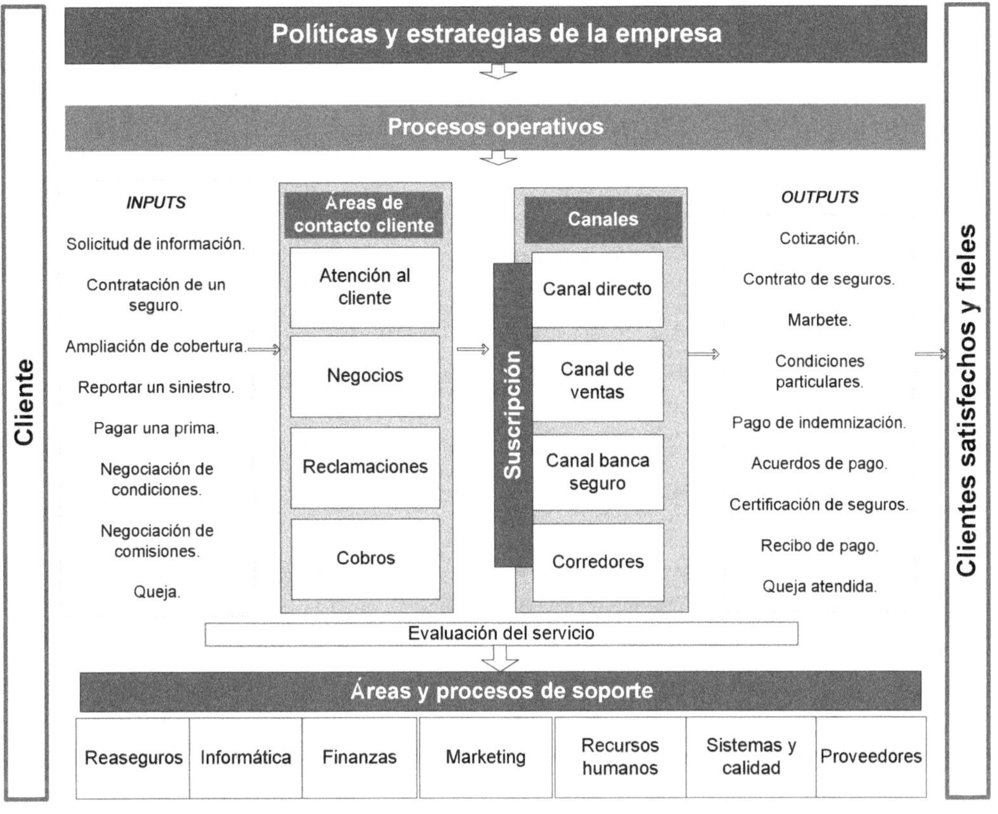

Figura 3.4.
Ciclo de operaciones del cliente.

La figura 3.4 muestra cómo se organizaron las distintas áreas y sus procesos para atender cada una de las necesidades del cliente, así como las áreas de soporte de las operaciones.

Esto quiere decir que en una propuesta de servicio se debe pensar en todos los posibles pedidos del cliente para organizar cada una de las áreas que intervendrán en su entrega, tanto las de contacto o *front office* (reclamaciones, cobros, etc.) como las de soporte o *back office* (informática, recursos humanos, sistemas, etc.).

En seguros, se tiende a decir que «se vende una promesa» y que el cliente sólo puede apreciar la calidad del servicio cuando tiene una reclamación. Sin embargo, esto no es así. En realidad, el cliente empieza a apreciar la calidad del servicio en el mismo momento en el que entra en contacto con la aseguradora, escucha al agente, es influido por la publicidad o por acciones de relaciones públicas, etc. Por este motivo, todos los detalles del servicio se deben cuidar con entusiasmo y devoción.

La manera como se debe tratar la información del cliente es fundamental. Cada área ha de saber cómo atender las necesidades de cada canal.

El enfoque al cliente final es fundamental. A veces, en las empresas de seguros se tiende a pensar únicamente en el intermediario, cuando en realidad todo se debe evaluar desde la visión del cliente. Él es quien decide la contratación del servicio.

Al asegurado, se le debe facilitar la comprensión de los contratos de seguros, y exponer con claridad las coberturas, las exclusiones y las ampliaciones de coberturas, en caso de que las necesite. En Seguros Banreservas se adaptaron los contratos de seguros (que son los aprobados por la Superintendencia de Seguros) y las condiciones particulares de las pólizas en formatos sencillos y con informaciones claras.

La coordinación de las distintas áreas en contacto con el cliente agilizó el tiempo promedio de los procesos de emisión, modificación, renovación de las pólizas y pago de las reclamaciones. El tiempo promedio de emisión de un contrato era de tres días y el del pago de reclamaciones fue inferior a siete.

El equipo de contacto con el cliente fue entrenado para que su enfoque al cliente fuera consistente con la filosofía de servicio, porque no se quería una fuerza de ventas o un equipo de suscripción enfocado únicamente a aspectos técnicos. Todos en la empresa sabían que su rol era el de especialista, el de asesor de seguros, y que, como tal, debía detectar las necesidades de protección de los clientes para proveerles de la solución más adecuada a cada necesidad.

Se invirtieron recursos para contar con personas apasionadas por el servicio, por querer ayudar al cliente.

Estrategias técnicas

Es posible crecer manteniendo unos niveles técnicos y operacionales eficientes y eficaces. Esto puede ser algo complicado en un mercado tan competitivo como el dominicano, donde además las malas prácticas de gestión técnica son la causa de muchos problemas.

Cuando Seguros Banreservas inició sus operaciones, la práctica en el mercado radicaba en «regalar» las tasas. Era sorprendente cómo se corrompía el principio de gestión técnica por aumentar la participación en el mercado. Como se ha explicado en el primer capítulo de este libro, una empresa de seguros necesita tener un buen «colchón» de primas y un considerable equilibrio en su cartera para conseguir cierta rentabilidad. El reto era conseguir que la empresa fuera técnica y comercialmente rentable.

Se tuvo que conseguir reaseguro externo para poder crecer en ramos «catastróficos» (como incendio y aliadas), pero la situación había cambiado y el coste de reaseguro, que hasta entonces se mantenía en unos niveles aceptables, se había incrementado. La incógnita era la siguiente: ¿por qué las empresas del mercado están «regalando» las tasas con unos riesgos tan costosos desde el punto de vista técnico?

Tras visitar a los reaseguradores se reafirmó el concepto de que las malas prácticas acaban afectando a las operaciones de seguros en un corto, medio o largo plazo, sobre todo en economías como la dominicana.

Se crearon tablas de suscripción con unos parámetros de tasas muy ajustados a las operaciones de Seguros Banreservas, y, de manera paralela, se concienció al personal sobre el peligro que existía si no se era capaz de aceptar riesgos sobre una base estrictamente técnica.

Un equipo de ingenieros subcontratados, a cargo de Evelio Martínez, se encargó de llevar a cabo la inspección, la clasificación y el seguimiento de los riesgos, y de las medidas de prevención y protección de los mismos. También asumió aspectos relacionados con el ajuste de pérdidas de las reclamaciones de ingeniería.

Por otro lado, el departamento de reclamaciones conocía muy bien el negocio y sabía perfectamente cómo disminuir los costes de las operaciones, incluso en un momento crítico de la economía del país, en el período 2003-2005.

Todos los contratos de reaseguros habían sido negociados con reaseguradores de primer orden internacional de riesgo A+, A–, AA, B++, como Suiza de Reaseguros, Axa re, Converium, Hannover, Korean Re, Lloyd's, Mapfre, Munich Re, QBE, Reaseguradora Patria, Scor R, Oddissey Re, y XL Re Latin American. Durante la gestión de este equipo, Seguros Banreservas fue la única empresa del mercado asegurador dominicano que recibió el respaldo de la Suiza de Reaseguros.

Se consiguió el respaldo de los mejores corredores de reaseguro del mercado internacional: Guy Carpenter, Robert Fleming, XL Venezuela y AON, entre otros.

El apoyo del reasegurador en este negocio es fundamental para conseguir una estructura técnica y comercial equilibrada. Seguros Banreservas obtuvo unos resultados técnicos del 7.96 %.

Estrategias de recursos humanos

Sólo es posible lograr los objetivos trazados con el esfuerzo de las personas. Si se cree en ellas y se cuenta con un proyecto interesante, es el primer paso para contar con su apoyo. Seguros Banreservas fue un proyecto que enamoró a muchas personas.

La práctica impulsada en Seguros Banreservas fue creer en la gente. Aunque las personas tenían cierta experiencia en su puesto de trabajo, se pretendió que cada uno sintiera que lo que hacía tenía valor, y que formaba parte de un sistema en el que los roles se intercambian continuamente. Se introdujo el concepto de proveedor-cliente, donde cada uno sabía que su trabajo era necesario (como proveedor) para seguir con el ciclo de la operación que completaría otra persona (su cliente), para satisfacer al cliente final (el asegurado).

Uno de los retos fue integrar diferentes equipos de personas, provenientes de distintas organizaciones (Seguros San Rafael y Segna, principalmente) en un hacer, una cultura y una filosofía de trabajo comunes.

La comunicación interna favoreció mucho la integración y la vinculación de las personas. Se creó una revista de comunicación interna que informaba periódicamente sobre los avances en la gestión, los nuevos proyectos y las actividades de relaciones públicas que se llevaban a cabo.

De manera informal, también se comunicaban los resultados económicos de la empresa y su progresión en el mercado dominicano. Esto contribuyó decisivamente a implicar a las personas y a conseguir uno de los índices de rotación de personal más bajos del mercado.

Creíamos en el liderazgo y no en la dirección. Las personas no son insensibles, perciben cuándo tienen delante a personas en las que se puede confiar y de las que pueden aprender. Se desarrolló un programa de formación continua sobre liderazgo, mediante

---

La creación de una empresa

Una empresa parte de una idea, un modelo, y en esta conceptualización entran en juego la definición de su razón de ser (su misión), sus objetivos, el producto o la actividad que desarrollará, sus procesos, la rentabilidad que se espera, el ámbito y el mercado, así como su personalidad, sus formas de actuación (sus valores), su sentido de permanencia (su visión), sus factores clave de éxito y su equipo de personas.

Una vez se ha llevado a cabo este análisis previo, la empresa está en disposición de efectuar un plan estratégico utilizando algunas metodologías de evaluación para valorar a la organización y su entorno. Entre los métodos empleados, se encuentran el análisis PEST (político, económico, social y tecnológico), el análisis del entorno competitivo, el análisis de los grupos de interés y el DAFO (análisis de las fortalezas y debilidades internas de la organización y de las oportunidades y amenazas del entorno). Estos análisis llevan a definir objetivos concretos y conducen a percibir el negocio como un conjunto de procesos en el que se pueden identificar fuentes de diferenciación. Estas fuentes de diferenciación se enmarcan dentro de distintos niveles estratégicos, para dar coherencia y sentido a todas las acciones y decisiones de una empresa u organización.

Es así como se distinguen estrategias corporativas vinculadas a la actividad principal de la organización, como las de crecimiento, las de cartera y las competitivas. Con esta

el cual se intentaba transmitir a los jefes de equipo que la mejor manera de liderar a alguien es predicar con el ejemplo, ayudándoles a ser mejores profesionales, reconociéndolos y prestando una atención continua a su labor.

El compromiso con el equipo orientó el desarrollo de las estrategias funcionales, de modo que permitieran conseguir los objetivos planteados en materia de gestión de personas.

En este sentido, con Ceila Medina, se diseñó un plan de recursos humanos que tuvo sus bases en los valores y la cultura de la empresa. De ahí que la política de selección se dirigió a contratar personas cuyos valores de honestidad, ética y orientación al servicio fueran sus formas habituales de actuación.

Para el ingreso de nuevos empleados se diseñaron planes de desarrollo individuales y por áreas. En caso de surgir un nuevo puesto de trabajo, primero se anunciaba internamente la vacante para dar oportunidad a que una persona conocida pudiera ocupar ese puesto.

Se introdujeron sistemas de evaluación del desempeño que aportaron buenos resultados. Entre ellos, el cumplimiento de los objetivos y las metas acordes con el plan estratégico, la identificación de fortalezas y las oportunidades de mejora de forma individual y la elaboración de esquemas de compensación por segmentos de la organización, entre otras.

Se llevaron a cabo estudios salariales que determinaron los niveles de equidad in-

---

estrategia la empresa responde a la pregunta: ¿en qué actividades o sectores es posible maximizar los beneficios a largo plazo?

En un segundo nivel, se encuentran las estrategias funcionales, que constituyen un sistema de apoyo para las corporativas. Estas estrategias están dirigidas a mejorar la efectividad de las operaciones funcionales dentro de una organización. Entre éstas se encuentran las áreas de recursos humanos, calidad, finanzas, logística, etc.

No basta con desarrollar estrategias que se vinculen a uno o a varios objetivos. Se ha de conceptualizar la actividad empresarial como un proceso holístico en el que intervienen el cliente, los equipos de trabajo, los proveedores y el proceso, donde se han identificado para cada elemento de la cadena de valor las fortalezas y debilidades de la propuesta de servicio, y en el que se ha de conseguir una integración de las actividades que crean valor, tanto para el cliente como para la empresa.

Conocer la cadena de valor ayuda a focalizar las estrategias en actividades clave en las que la empresa pueda crecer, diferenciarse y sostenerse.

La evolución de la empresa desde que se crea, nace, crece, se consolida, se diversifica y se reestructura o se fusiona, conlleva un seguimiento continuo del resultado de la gestión por parte de sus líderes, de los cambios que se producen en el entorno y de las necesidades del mercado. Una empresa es una entidad viva que debe evolucionar en la medida en que evolucionan las necesidades de las personas, del mercado y de los clientes.

	2002	2003	2004
Total primas cobradas Seguros Banreservas (RD$)	185,272,877	796,062,021	2,119,829,475
Total primas cobradas mercado (RD$)	8,299,362,296	10,125,813,171	14,537,086,551
Porcentaje participación Seguros Banreservas	2.32 %	7.38 %	14 %
Porcentaje tasa de crecimiento Seguros Banreservas	–	329.67 %	166.29 %
Posición mercado Seguros Banreservas	7.º	4.º	2.º

Estas primas incluyen las primas exoneradas.
Fuente: Cadoar (Cámara Dominicana de Aseguradores y Reaseguradores).

Tabla 3.3.
Primas cobradas por Seguros Banreservas en el período 2002-2004.

Ramos	2002			2003			2004		
	SBR *	Total mercado	M %**	SBR	Total mercado	M %	SBR	Total mercado	M %
Vida individual	9,552,155	190,762,283	5	47,504,519	283,804,960	17	144,961,262	296,452,722	49
Vida colectivo	–	465,730,256	–	–	535,998,718	–	29,168,956	956,256,789	3
Salud	6,299,449	1,481,730,551	–	14,130,122	800,258,624	2	11,113,677	627,274,246	2
Accidentes personales y salud	8,295,090	164,963,830	5	40,521,798	140,615,359	29	59,473,667	175,563,521	34
Incendio y líneas aliadas	36,336,299	2,151,691,615	2	231,924,096	3,721,969,660	6	781,786,950	5,798,563,711	13
Naves marítimas y aéreas	55,078	61,649,188	0	3,324,934	106,178,350	3	24,368,236	154,713,106	16
Transporte de carga	180,100	131,190,195	0	3,667,713	174,523,969	2	23,632,317	253,164,950	9
Vehículos de motor	84,301,712	2,536,981,305	3	324,402,681	3,260,038,106	10	756,772,829	4,702,942,315	16
Agropecuaria	–	1,382	–	–	–	–	–	–	–
Fianzas	29,496,267	213,336,196	14	74,345,789	267,872,818	28	75,533,521	352,577803	21
Otros seguros	10,144,964	573,194,568	2	56,240,390	797,682,084	7	213,018,059	1,184,211,811	18
Totales	184,661,115	7,971,231,369	2	796,062,042	10,125,813,169	7.9	2,119,829,475	14,501,720,973	14.6
Crecimiento/ Posición	–	–	7.º	331.09 %	27.03 %	4.º	166.29 %	43.22 %	2.º

Valores en RD$.
* SBR: Seguros Banreservas. **M%: porcentaje sobre el mercado.
Fuente: Cadoar y Memoria Anual 2003 de Seguros Banreservas, págs. 18-19.
Nota: los datos del año 2002 son primas sin exonerar; los de 2003 y 2004 son de primas exoneradas.

Tabla 3.4.
Distribución de las primas cobradas por ramos por Seguros Banreservas en el período 2002-2004.

terna, en comparación con los que existían en el mercado, así como las políticas de compensación para atraer y retener al personal.

La orientación hacia la integración del personal y el trabajo en equipo fue una cuestión clave en la gestión de las personas. Para apoyarla, también se organizaron actividades que promovían un clima abierto y participativo y, como consecuencia, un buen ambiente de trabajo.

Resultados de Seguros Banreservas

Como ilustra la tabla 3.3, Seguros Banreservas consiguió en su primer año de actividad un crecimiento del 329.67 % y pasó de una posición vigésimo novena a la séptima del escalado de empresas de seguros de República Dominicana. En los años siguientes fue ganando mayor participación hasta consolidarse a finales del año 2004 en la posición número dos.

El detalle de la distribución de las primas cobradas en cada uno de los ramos y su respectiva participación respecto al mercado se muestra en la tabla 3.4. Se aprecia que los ramos con mayor participación y que presentaron un crecimiento sostenido fueron vehículo de motor, incendio y líneas aliadas, fianzas, ramos técnicos y otros seguros.

El crecimiento acumulado de Seguros Banreservas alcanzó un promedio del 163.23 %.

En cuanto a las primas por canal de ventas, en la figura 3.5 se aprecia el peso del canal de corredores en el resultado de la producción. Esta participación se mantuvo en esta proporción durante tres años de gestión.

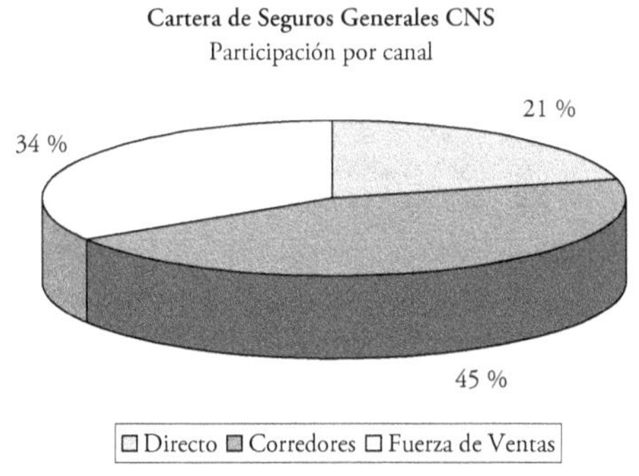

Figura 3.5.
Primas por canal de ventas en Seguros Banreservas en el período 2002-2004.

La mayor parte de los clientes de Seguros Banreservas se concentraban en Santo Domingo, zona este y sur del país (87 %) y un 13 % en la región del Cibao.

Estos resultados fueron el producto de un trabajo en equipo extraordinario, de la confianza de los clientes y del respaldo de los intermediarios y los reaseguradores, sobre la base de las estrategias explicadas anteriormente.

Por otro lado, la estrecha colaboración con la plataforma de banca corporativa del Banco de Reservas, facilitó las acciones de comunicación y relaciones públicas llevadas a cabo con los corredores de seguros, que desde el primer momento dieron a Seguros Banreservas un fuerte apoyo, y permitió llegar a todo el país.

Durante el siguiente año, en 2003, el equipo de Seguros Banreservas supo aprovechar la desaparición de algunas empresas del mercado, Intercontinental de Seguros y, más tarde Segna. Se evaluó a los clientes, y fuimos muy proactivos en la consecución de las propuestas y en el cierre de las ventas. Se deseaba crecer, pero con buenos clientes, así que las distintas áreas de negocio pusieron en marcha sus estrategias fundamentadas en los objetivos que se querían alcanzar. El crecimiento fue del 295 %, pasando de una séptima a una cuarta posición en un año, y con una siniestralidad total

---

La economía dominicana en el período 2001-2004

El origen de la crisis económica del período 2001-2004 tiene su motivación en el incremento de los precios del petróleo. La factura petrolera pasó de 43.8US$ millones mensuales del primer trimestre de 1999 a 120US$ a mediados del año 2000, con un incremento del 174 %. La decisión del Gobierno de absorber este incremento afectó a las finanzas públicas y derivó en un déficit fiscal que tuvo que ser financiado por créditos del Banco de Reservas y el Banco Central. El incremento de la factura petrolera afectó la balanza de pagos por las importaciones y los derivados que en el año 2000 alcanzó a 1,505 millones de dólares. Ante esta situación el Gobierno provocó el decrecimiento de la economía.

El Gobierno tomó varias medidas para estabilizar las finanzas públicas, entre las cuales el impuesto fijo por galón de combustible. Posteriormente, la ley de hidrocarburos estableció un ajuste semanal de los precios, se introdujo un nuevo arancel para las importaciones manteniendo algunas exenciones para los rubros agropecuarios y se estableció un pago del 1.5 % sobre los ingresos brutos de las empresas, como anticipo al pago del impuesto sobre la renta que éstas tendrían que pagar en los próximos tres años. Sin embargo, esta nueva modalidad incluía que dicho anticipo se consideraba, además, como un pago mínimo anual, en los casos en que una empresa declarara beneficios por debajo del monto pagado como anticipo. También se aumentó la tasa de ITBIS (impuesto de transferencia de bienes industrializados y servicios), pasando del 8 al 12 %, y se establecieron nuevas tasas de impuestos selectivos para algunos vehículos y otros bienes de consumo como las bebidas, las cervezas y los cigarrillos. El efecto completo de estas reformas se sintió en 2001, ya que la presión tributaria[4] había alcanzado un 15.0 %.

Año	*PIB* per cápita *real*	*Porcentaje* crecimiento	*Tasa de inflación* anualizada
2000	8.1	6.2	9.02
2001	3.6	1.8	4.38
2002	4.4	2.6	10.51
2003	–1.9	–3.6	42.66
2004	2.0	0.2	28.74
2005	9.3	7.4	7.44

Fuente: Banco Central.

Tabla 3.5.
Indicadores económicos de República Dominicana en el período 2000-2005.

del 18.39 % (en 2002) y del 46.79 % (en 2003), respecto a las primas devengadas.

Fue un crecimiento algo sorprendente, porque la situación económica del país era caótica, con una inflación anualizada del 42.66 % y un decrecimiento económico del –3.6 %.

El mercado norteamericano disminuyó el volumen de sus importaciones y esto redujo los ingresos por exportaciones a más de 400 millones de dólares. Se sumó a ello la disminución de los ingresos en divisas provenientes del turismo, que habían crecido a una tasa anual promedio del 12 %. Los atentados del 11 de septiembre de 2001 frenaron el flujo turístico internacional y en República Dominicana esto se tradujo en una reducción del 22.1 %.

En el año 2001 se redujeron las importaciones del país en 463 millones de dólares debido a las políticas fiscales y monetarias restrictivas, mientras que en 2002 la reducción de ingresos por turismo seguía siendo significativa y las exportaciones desde las zonas francas siguieron cayendo por la recesión económica de Estados Unidos.

La economía europea también arrojaba tasas de decrecimiento y la japonesa, tasas de crecimiento negativo. Con la emisión de los bonos soberanos se activaron las importaciones nacionales, pero las principales entidades empezaron a perder confianza en la moneda y se daban salidas importantes de capital. Los resultados económicos de este período se pueden observar con mayor detalle en la tabla 3.5.

Los esfuerzos del Gobierno para estabilizar el sistema bancario resultaron en un brusco incremento, tanto de la base monetaria como de la deuda del sector público. Esto, a su vez, aceleró la inflación, provocó una depreciación de la moneda, una reducción de las reservas internacionales y una pérdida generalizada de la confianza. La tasa de cambio de peso por dólar llegó a situarse en 52 pesos a finales del año 2003.

[4] Presión tributaria: indicador que mide la relación entre los ingresos tributarios y el producto interior bruto (PIB) de un país.

Situación del mercado asegurador

El desempeño del sector asegurador durante el año 2002 se vio afectado por la inestable situación económica de República Dominicana. Llegó a registrarse una ascendente inflación y una creciente tasa cambiaria.

El sector asegurador, pese a la crisis económica, se mostró expansivo, registró un crecimiento del 21.3 % al elevarse el volumen de primas a 9,528.5 millones de pesos con respecto a 2001. Los ramos con mayor participación fueron incendio y aliadas, automóvil y transporte.

En el año 2002, las compañías de seguros que operaban en el ramo de salud traspasaron su cartera a las administradoras de riesgos de salud (ARS), con la entrada en vigor de la Ley 87-01 sobre la Seguridad Social.

Al elevarse las primas pagadas a 514.2 millones de dólares, República Dominicana se colocó en el décimo lugar en volumen de negocio entre los países de América Latina. Este volumen de prima representó el 2.4 % del producto interior bruto, con una prima per cápita de 57.4 dólares.

Tres compañías de seguros se retiraron del mercado en el año 2002, como resultado de su fusión con otras aseguradoras, dando lugar a que el número de compañías se redujera a 38. En ese año, el sector registró un beneficio 207 millones de pesos, después de la deducción de impuestos, que representan un 2.16 % de las primas suscritas.

Dichos resultados significan un aumento del 24.1 % en comparación con los de

---

El origen de la crisis financiera

Ante la situación expuesta anteriormente, la banca dudaba sobre la estabilidad de la moneda nacional. Los clientes cambiaban sus depósitos de pesos dominicanos por depósitos en dólares, pasando de un 30 a un 39 % durante el año 2002.

Por otro lado, en los últimos meses del año 2002 se extendieron los rumores entre la ciudadanía sobre la falta de solidez de algunos bancos importantes del sistema financiero y sobre el retiro que se estaba produciendo en sus depósitos.

Hacia finales de 2002 se percibían síntomas visibles de problemas en, por lo menos, dos de los principales bancos del sistema. El panel de expertos del FMI que fue contratado para evaluar la crisis bancaria señaló «la avasalladora publicidad efectuada por una de las instituciones (Banco Intercontinental), su notoria y creciente presencia en distintos ámbitos de la economía, la profusa actividad social y la presencia comunicacional de sus principales directivos y su ritmo público y notorio de gastos suntuosos».

El Banco Intercontinental no tenía recursos para hacer frente a los retiros adicionales de depósitos, por lo que la Junta Monetaria buscó involucrar a otro banco nacional para que absorbiera las operaciones de Baninter. Este nuevo banco hizo una evaluación que concluyó que Baninter escondía en sus informes contables un banco paralelo que era, en

2001, lo cual se atribuye a una reducción sustancial en los costos de explotación, que fueron suficientes para compensar los aumentos experimentados en el coste del reaseguro y la siniestralidad neta.

Durante el año 2003, la Superintendencia de Seguros inició el proceso de liquidación de Intercontinental de Seguros, que desde hacía más de cinco años se había consolidado en la tercera posición del mercado. Esta empresa resultó afectada por los problemas del Banco Intercontinental, especialmente por la cancelación de pólizas de sus asegurados, que hizo empeorar sus problemas de liquidez. Con el cierre de esta empresa, otras aseguradoras ganaron mayor participación en volumen y número de clientes.

La crisis bancaria repercutió también en el Banco Nacional de Crédito, Bancrédito, empresa afiliada a Segna (antigua Compañía Nacional de Seguros), que fue adquirida por el Grupo León Jiménez. Con la crisis económica del país, el lento proceso de recuperación de Segna, tras su fusión en 2001 con Magna y Transglobal-Seguros La Antillana, presentó serios problemas de liquidez para continuar operando, con la consecuencia de que los asegurados empezaran un proceso de cancelación de sus pólizas que afectó aún más su resentida liquidez.

Esta situación económica, en un mercado donde el mayor volumen de las primas se concentraba en las primeras cinco compañías, trajo como consecuencia el cierre de algunas empresas que por su tamaño no contaban con el respaldo suficiente para hacerle frente.

De ahí que la estructura del mercado y el posicionamiento de las empresas cam-

---

realidad, mucho mayor que el visible, pues una gran parte de las operaciones de depósitos y de créditos no se registraban en los libros oficiales del banco (los oficiales arrojaban activos de 26,000 millones de pesos y los del banco paralelo, unos 55,000). Con lo cual, este nuevo banco decidió no seguir con la operación.

La causa principal de la crisis bancaria radicó en las malas prácticas contables y los fraudes ocurridos en algunos bancos, así como en la incapacidad de los gobiernos del período 1990-2004 para detectarlos oportunamente.

Otra causa se encuentra en la debilidad institucional, en este caso en la incapacidad de la Superintendencia de Bancos para detectar dichas irregularidades y en la debilidad de las auditorías externas que llevaron a cabo empresas privadas, precisamente para tener la seguridad de que no se cometían irregularidades en los procedimientos contables.

El enorme poder acumulado por determinados grupos empresariales en las últimas décadas ha obligado a los dirigentes políticos a buscar vínculos con estos influyentes sectores para canalizar beneficios a favor de sus respectivos partidos o tendencias, lo que generalmente ha tenido un alto costo para el Estado, pues estos apoyos políticos nunca son gratuitos.

Fuente: *40 años de economía dominicana*, Carlos Despradel, cap. V, Editora Búho, 2005.

Ranking de compañías

Compañías del mercado dominicano	1997	1998	1999	2000	2001	2002	2003	2004	2005	2006
Segna (antigua Cía. Nacional de Seguros)	1	1	1	1	1	1	2	15	28	33
Seguros Popular (antigua Universal América)	2	2	2	2	2	2	1	1	1	1
Intercontinetal de Seguros, SA	3	3	3	3	3	3	7	38	D	D
Seguros América	4	4	4	4	DF	DF	DF	DF	DF	DF
La Colonial de Seguros	5	5	5	5	4	4	3	3	3	4
Magna Cía. de Seguros	6	6	6	6	6	28	31	DA	DA	DA
American Life And General Insurance	7	7	10	9	7	9	12	D	D	D
Seguros La Antillana, SA	8	8	7	8	10	31	33	39	DA	DA
Seguros San Rafael	11	9	9	10	9	13	25	34	D	D
Cía. de Seguros Palic	9	10	8	7	5	5	6	4	4	5
Seguros Pepin	10	11	11	12	11	10	8	7	7	9
Transglobal de Seguros	12	12	12	13	14	25	29	40	DF	DF
Británica de Seguros	14	13	13	14	12	DA	DA	DA	DA	DA
La Americana, SA	13	14	15	15	DF	DF	DF	DF	DF	DF
La Monumental de Seguros	15	15	14	11	8	8	9	6	6	7
Confederación del Canadá Dominicana	16	16	16	17	17	12	11	10	12	11
General de Seguros	17	17	18	22	18	15	13	11	14	16
Patria SA, Cía. de Seguros	19	18	19	23	19	17	14	14	15	17
Unión de Seguros	20	19	17	18	16	11	10	8	9	12
Centro de Seguros La Popular	18	20	22	25	23	34	39	DF	DF	DF
Angloamericana de Seguros	27	21	21	16	15	14	16	9	11	15
Bonanza Cía. de Seguros	21	22	24	21	30	35	38	DF	DF	DF
Seguros La Internacional	22	23	23	24	20	16	15	12	13	13
La Peninsular de Seguros	26	24	25	20	24	37	41	35	DA	DA
Sudamericana de Seguros	30	25	20	19	13	DA	DA	DA	DA	DA
Atlantica Insurance Company	24	26	26	26	25	20	20	19	23	25
La Principal de Seguros	23	27	35	40	D	D	D	D	D	D
El Sol de Seguros	25	28	28	27	28	23	23	20	10	6
Autoseguro, SA	29	29	27	28	26	21	21	18	22	24
Coopertaiva Nacional de Seguros	31	30	29	29	22	18	19	16	18	18
Seguros La Hemisférica	37	31	31	36	34	36	D	D	D	D
La Primera Oriental	32	32	30	30	27	22	28	26	31	30
Cía. Dominicana de Seguros	35	33	32	34	21	19	22	17	20	19
La Imperial de Seguros	34	34	33	32	31	24	24	21	27	27
Seguros Unidos, SA	33	35	34	33	32	27	26	23	29	28
Occidental de Seguros	28	36	42	42	DA	DA	DA	DA	DA	DA
Federal Insurance Company	36	37	39	35	29	40	40	36	DA	DA
Bankers Security L. Ins. Soc.	38	38	38	38	37	39	37	DA	DA	DA
Mundial de Seguros	39	40	41	39	D	D	D	D	D	D
Vanguardia de Seguros	40	41	40	41	D	D	D	D	D	D
Aseguradora Dom. Agropecuaria (ADACA)	41	D	D	D	D	D	D	D	D	D
Atlas, Cía. de Seguros		39	36	31	33	38	36	32	30	22
Seguros La Isleña			37	37	35	30	32	27	35	37
BMI						32	35	31	32	31
American Bankers Dominicana, SA						29	30	25	25	35
Seguros Banreservas						7	4	2	2	2
Relistar Life Insurance Co. Of N.Y.						33	34	30	33	34
SDS de Seguros						26	27	24	26	29
Proseguros						6	5	5	5	3
Aseguradora Agropecuaria							17	37	34	36
Caribbean American Life And General Insurance							12	13	16	21
Marsh and Mcleannan líneas excedentes							18	-	19	23
La Comercial de Seguros								28	21	20
Cía. de Seguros Unika								29	8	10
Worldwide								22	17	14
Mapfre Dominicana de Seguros									24	8
Amedex, Insurance Company Dominicana										32

D Desaparición. **DF** Desaparición por fusión. **DA** adquisición.

Tabla 3.6. Universo de empresas de seguros en República Dominicana, entre los años 1997 y 2006.

biaran significativamente a partir del año 2001, como se puede observar en la tabla 3.6, junto con el surgimiento de otras empresas como BMI, Relistar Life Insurance Co., SDS de Seguros y Proseguros. En el año 2003 se introdujeron Aseguradora Agropecuaria, Caribbean American Life and General Insurance; en 2004 lo hicieron La Comercial de Seguros, Worldwide, Unika, Mapfre Dominicana de Seguros, de capital español; y en 2005 surgió Amedex, Insurance Company.

Las fusiones y adquisiciones que tuvieron lugar en el mercado, así como el número de empresas desparecidas se pueden ver en la tabla 3.7.

Con nuevos jugadores en el mercado, en el año 2004, el sector asegurador creció un 48 %, según Cadoar, reportando un total de primas cobradas de 12,704 millones de pesos (incluyendo las primas exoneradas). Seguros Banreservas ocupaba una posición importante, la segunda del mercado, con unas primas totales de 1,918 millones de pesos y una participación del 15 %.

FUSIONES Y ADQUISICIONES

Universal	
2001	Seguros América
2001	La Americana
2001	Occidental de Seguros
2004	Centro de Seguros La Popular
2004	Bonanza Cía. de Seguros
2005	Federal Insurance
2004	Bankers Security

CNS	
2001	Magna Cía. de Seguros
2001	Transglobal
2001	Seguros La Antillana

Proseguros	
2002	Sudamericana
2002	Británica de Seguros

Unika	
2003	La Peninsular de Seguros

EMPRESAS DESAPARECIDAS

1997	Aseguradora Dominicana Agropecuaria (Adaca)
2001	Seguros América
2001	La Americana
2001	Occidental de Seguros
2001	La Principal de Seguros
2001	La Mundial de Seguros
2001	Vanguardia de Seguros
2001	Magna Cía. de Seguros
2001	Transglobal
2001	Seguros La Antillana
2002	Sudamericana
2002	Británica de Seguros
2002	La Hemisférica
2004	Centro de Seguros La Popular
2004	Bonanza Cía. de seguros
2004	La Intercontinental de Seguros
2005	La Península de Seguros
2006	Unika*
2006	Segna*

* En 2006 seguían reportando primas pendientes de liquidar.

Fuente: «Cifras del mercado asegurador, 2001-2006», Cadoar.

Tabla 3.7.
Fusiones y desapariciones de empresas en el mercado de seguros en el período 2001-2006.

¿En qué fallaron las empresas de seguros?

En el período reseñado, el fallo de algunas empresas fue olvidar la naturaleza técnica del negocio, al olvidar los aspectos financieros del mismo y no invertir para mejorar sus servicios.

Las empresas de seguros deben apoyarse en estrategias fundamentadas en aspectos técnicos. Por un momento, algunos olvidaron las buenas prácticas del negocio y creyeron que con una importante posición en el mercado y el apoyo de un grupo bancario estarían exentos de las crisis.

Las empresas de seguros despertaron al ver que la inflación y el incremento de la tasa cambiaria reducían su capacidad financiera. La actualización de valores asegurados a valor de mercado (como en los casos de automóviles) representó un incremento importante de las primas, las cuales no eran compensables con los montos de siniestros pagados (por el alto costo en las piezas para las reparaciones en caso de piezas importadas).

No tener una política de cobros eficaz que permitiera mantener un *cash flow* positivo, afectó significativamente los resultados. Según palabras de Miguel Villamán, vicepresidente ejecutivo de Cadoar, el promedio de días de cobro en el año 2000 fue de 150 días para daños, mientras que en vida y salud fue de 43 días. Esto no es compensable con las obligaciones que tiene la empresa de seguros que ha de hacer pagos anticipados al reasegurador y pagos inmediatos a los asegurados tras una reclamación.

A finales del año 1998, el saldo de primas por cobrar representaba el 26 % de los activos totales, en tanto que para el cierre de 2002 dicha relación se elevó hasta el 38 %, pasando a ser el principal rubro de activos dentro del balance del sector. El aumento de la morosidad reduce la liquidez, dado que dicha cartera se encuentra parcialmente fondeada a través de financiación bancaria. Al cierre de 2002, las primas por cobrar vencidas en más de 45 días representaron cerca del 56 % de la cartera de cuentas por cobrar (18 % del activo total), mientras que los préstamos bancarios representaron el 24 % de dicha cartera. Es por ello que la reducción de la morosidad en las primas por cobrar y la rentabilización de la actividad de financiamiento son claves para reducir la presión de la financiación bancaria sobre la liquidez y rentabilidad del sector.[5]

Otro factor que hay que tener en cuenta fue el incremento del coste del reaseguro, que influyó en la reducción de los niveles de retención del sector hasta el 54 % de las primas, el más bajo en los últimos cinco años.

---

[5] Conferencia «Rentabilidad del negocio asegurador y margen de solvencia», revista *Cadoar*, núm. 17, abril de 2002, págs. 29-32.

Esto fue la consecuencia de la experiencia siniestral de los reaseguradores, de la alta exposición a riesgos catastróficos y a la estrecha capitalización de las empresas de seguros locales, que tras el efecto de la devaluación monetaria tuvieron dificultades para hacer frente a sus obligaciones.

Una empresa de seguros podrá conseguir buenos resultados si goza de una cartera equilibrada y su siniestralidad es buena, si realiza una correcta negociación de condiciones con su reasegurador, si cuenta con políticas de cobro eficientes y, sobre todo, si cuenta con las personas adecuadas, desde el punto de vista técnico, profesional y personal.

Fin de una etapa

La combinación de estrategias fundamentadas en aspectos técnicos y de negocio dio a Seguros Banreservas un impulso considerable para aprovechar las oportunidades del mercado en el período 2002-2004.

En agosto del año 2004, tomó posesión como presidente de la República, el doctor Leonel Fernández, y a los pocos meses empezó a cambiar a los distintos ejecutivos de las principales instituciones y ministerios del Estado.

El que Seguros Banreservas formara parte del Grupo Banreservas daba al presidente plena potestad para llevar a cabo los cambios que considerara oportunos.

En noviembre del año 2004 fui destituido de mi cargo de vicepresidente de Seguros Banreservas, y dejé una empresa estatal con unos índices económicos y técnicos similares o mejores a los de cualquier empresa privada.

La firma Fitch Ratings concedió a Seguros Banreservas, a principios de 2005, la calificación nacional para la fortaleza financiera de empresas de seguros en el nivel «BBB+ (dom)». Las empresas aseguradoras ubicadas en esta categoría tienen una buena capacidad para cumplir con sus asegurados y sus obligaciones contractuales. Esta firma destaca el adecuado resultado técnico como proporción de la prima devengada obtenida, así como la capacidad y experiencia del equipo gerencial. Es una empresa que opera con reducidos gastos de administración como proporción de las primas devengadas, y que compensa la importante participación del ramo de vehículos, caracterizado por elevados niveles de retención y siniestralidad, reflejándose en un resultado técnico favorable.[7]

---

[7] *Fitch Dominicana asigna calificación de riesgo nacional a Seguros Banreservas,* www.fitchrating.com.

Estos tres años fueron muy importantes para el equipo que puso en marcha este proyecto, porque se creó una empresa de seguros que marcó un antes y un después en la historia empresarial dominicana, donde es práctica habitual que una empresa del Estado no funcione con los niveles de eficiencia y eficacia deseados.

La implicación de las personas, su motivación y la realización de un trabajo en equipo convirtió a Seguros Banreservas en una empresa diferente.

Capítulo 4

Volver a empezar

Gestionar una empresa pública con los criterios de una empresa privada fue un hecho de relevante importancia, porque por primera vez en la historia de República Dominicana ello fue posible.

Los resultados de la gestión del equipo que surgió con la creación de Seguros Banreservas tuvieron mucha repercusión tanto en el mercado local como en el internacional. Se consiguió ofrecer una imagen positiva de esta empresa y del Grupo Banreservas en general. Algunos llegaron a verla como «la única luz» del Gobierno del presidente Hipólito Mejía.

Tras la salida de Simón Mahfoud de Seguros Banreservas en 2004, algunos empresarios, conocedores de su trayectoria y sus logros, trataron de contar con él para liderar otras empresas de seguros.

La opción valorada por Simón Mahfoud fue Sol Seguros, que en el año 2004 había sido adquirida por un grupo de inversionistas, entre los cuales se hallaba la actual presidenta, Dalila Martínez de Lahoz, que buscaba dar un giro a su gestión y posicionarse entre las primeras empresas de seguros del país.

Este capítulo está dedicado a analizar las claves que permitieron consolidar en una nueva empresa un equipo de personas con capacidad para reposicionarla con unas extraordinarias perspectivas de crecimiento. Esta empresa es Sol Seguros, a la que Simón Mahfoud accedió como vicepresidente ejecutivo y accionista.

* * * * * *

Me incorporé a Sol Seguros en enero del año 2005. El primer objetivo fue crear un equipo capaz de dar un giro a la gestión de la empresa para llevarla a una posición de notoriedad.

Paralelamente, tratamos de definir cuál debía ser nuestra misión, nuestra visión y nuestros valores. Un equipo necesita tener claro su proyecto empresarial, sus objetivos y sus estrategias.

- **La misión**

   Ser el principal proveedor de seguridad, protección y confianza, mediante un servicio excelente, a nuestros clientes.

- **La visión**

   Ofrecer protección a la sociedad dominicana, comprometidos de manera permanente con la responsabilidad de dar protección el mayor número posible de vidas y bienes, para cumplir de este modo con los requisitos y conceptos de alta calidad, competitividad y excelencia en el servicio, demandados por los clientes.

OPINIÓN

¿Cuál cree usted, señora Dalila, que fue el motivo de la incorporación de Simón Mahfoud a Sol Seguros?

El conocimiento y las habilidades técnicas, conjugados con otros elementos de liderazgo para que las personas se apasionen con su trabajo y hagan suyos los objetivos de la empresa son fundamentales para lograr resultados extraordinarios.

Para impulsar Sol Seguros se investigó primero a la competencia. Supimos que podíamos situarnos entre los primeros puestos si se lograba incorporar a un equipo y un líder que combinara esos elementos.

Cuando se planteó que ese equipo era el que Simón Mahfoud representaba, los accionistas, aun sabiendo que era un equipo costoso, estuvimos de acuerdo en que si queríamos obtener un crecimiento en el mercado la clave estaba en un equipo que había demostrado que podía empezar casi desde cero.

Desde la primera conversación con Simón Mahfoud sobre este proyecto, se puso de

- **Principios y valores**
  - Excelencia en el servicio.
  - Proactividad.
  - Alta rentabilidad.
  - Oportunidad y desarrollo para nuestros recursos humanos.
  - Ética.
  - Integridad.

El equipo

El equipo de personas de confianza que me ha acompañado desde la etapa de la Compañía Nacional de Seguros ha sido la piedra angular mi gestión. Por este motivo, cuando decidí aceptar mi integración en el equipo directivo de Sol Seguros, puse como condición la contratación de este equipo: Aida Ruíz, Xiomara Iglesias, Leonor Rivas, Juan Carlos Contín, Severo Acevedo, Juan José Guerrero, Ceila Medina, Luis Torres y Zoila Deñó. Por otro lado, provenientes de SBR, se incorporaron Andrés Suárez, Carlos Sánchez, Rosanna Núñez y Nurkis León. Con este equipo y las personas que ya formaban parte de la plantilla de Sol Seguros nos marcamos los objetivos siguientes:

> manifiesto que su estilo de trabajo seduce. Tiene una proyección a largo plazo que genera confianza en el accionista, mientras que su enfoque hacia el cliente y el negocio ofrece seguridad.
>
> Simón Mahfoud es un ejecutivo riguroso. Lidera un equipo con conocimiento, con saber hacer. Creó una empresa desde la nada y la llevó a la segunda posición del mercado. Apreciamos en él la capacidad para empezar un proyecto de nuevo. Es una persona flexible y con capacidad de adaptación. Simón ya había hecho lo que nosotros deseábamos para Sol Seguros.
>
> ### La empresa
>
> Sol Seguros nació en agosto de 1986 y desde su creación se mantuvo en distintas posiciones del mercado, situándose entre los puestos 28 y 25, hasta que en el año 2004, y con la entrada de nuevos inversionistas, se posiciona en el puesto número 20.
>
> Sol Seguros cuenta con un capital autorizado de RD$80,000,000 y un patrimonio que asciende a RD$85,000,000.

- Incrementar la participación de la empresa en el mercado y ocupar una de las diez primeras posiciones.
- Satisfacer y fidelizar a nuestros clientes mediante adecuadas prácticas de gestión del servicio.
- Satisfacer y fidelizar a nuestros empleados mediante el liderazgo activo.
- Velar por el funcionamiento correcto de nuestras operaciones, con índices técnicos eficientes y eficaces.

Factores clave del éxito

Para conseguir los resultados que deseábamos tuvimos que identificar primero los factores clave de nuestro éxito:

- Liderazgo.
- Gestión de las personas.
- Gestión técnica.
- Gestión operacional.
- Gestión de negocios, *marketing* y ventas.
- Finanzas, rentabilidad y crecimiento.

No descuidar ninguno de estos elementos permitió conseguir un notorio posicionamiento en el mercado, pasando de una posición vigésima en el año 2004 a una sexta en 2006.

La puesta en marcha de estrategias basadas en estos factores clave permitirá consolidar una importante posición en el mercado.

Como vimos en la tabla 3.1, es posible establecer una relación dinámica entre cada objetivo estratégico con el tipo de estrategia que se debe aplicar y con su factor clave del éxito.

Estrategias de negocio

Sol Seguros contaba con una cartera de clientes significativa antes de la incorporación de nuestro equipo. Buscamos la manera de hacerla crecer a través de la contratación de nuevos seguros con los mismos clientes y de la captación de nuevos clientes. Nos orientamos en ambas direcciones basándonos en la gestión de nuestro activo, es decir, el cliente tal, como se representa en la figura 4.1.

Para ello, creamos un «plan individualizado del cliente», una metodología propia que mediante métodos de análisis (herramientas e indicadores de gestión), nos ha dado mucha información sobre el cliente, el volumen de las operaciones, la frecuencia del servicio y sus necesidades, con el fin de segmentar la cartera de clientes. Así, se enfocó el *mix* de servicios en función de las necesidades presentes y futuras de la base de clientes, con el objetivo de conseguir mayor relación de pólizas por asegurado, mayor retención del cliente, mayor margen de contribución por cliente, un importante número de clientes referidos y un mayor crecimiento de la cartera de servicios.

La misma metodología se utilizó con los intermediarios, mediante un «plan individualizado del intermediario», que son, sin duda, nuestra mayor fuente de contactos con el cliente, y, por lo tanto, de un mayor número de servicios.

Los corredores aportan el 65 % de las primas cobradas por la empresa, los agentes de ventas, un 20 % y los clientes directos, un 15 %.

La intención fue incrementar la participación de los agentes de ventas. Creemos en las personas que colaboran con nosotros y queremos que nuestra fuerza de ventas se distinga por su profesionalidad y su orientación al servicio.

Consideramos que un cliente, un asegurado, estará confiado si detrás de la firma hay una persona que responde. Eso es lo que se ofrece al cliente: confianza. La misma gente que nos conoció en Seguros Banreservas nos ha elegido de nuevo como sus ase-

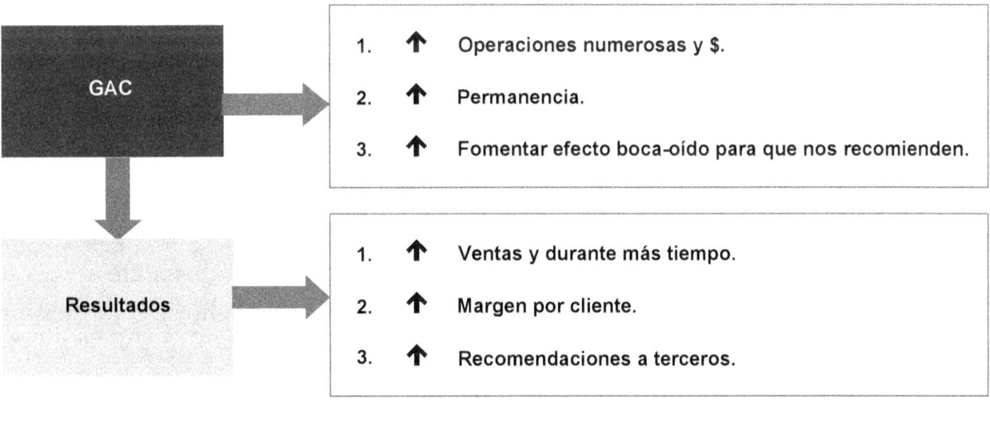

Figura 4.1.
Gestión del activo «cliente» (GAC).1

<hr>

[1] Fuente: *Clienting,* Luis María Huete y Andrés Pérez, págs. 19-50, Ediciones Deusto, 2003.

guradores. Ha depositado en nuestro equipo la responsabilidad de proteger y salvaguardar sus bienes y ha creado el efecto «boca-oído», recomendándonos a sus amigos y conocidos.

Acompañamos la estrategia de negocios con una campaña de comunicación, en la que se divulgaban los cambios en una empresa con un nuevo equipo directivo. Modificamos la imagen corporativa, que pasó a ser una representación del sol, la vida y la esperanza en un nuevo día, e incorporamos un eslogan que sintetiza una forma de hacer: «Siempre damos la cara».

Cartera de productos

Dimos forma a una cartera de productos amplia, y se ofreció al asegurado múltiples opciones de cobertura, con servicios adicionales a las coberturas principales:

- **Seguros generales**
  Incendio y líneas aliadas, responsabilidad civil, robo con violencia, automóvil, accidentes personales, fianzas, transporte marítimo y terrestre, aeronaves y buques, fidelidad, etc.

- **Seguros de personas**
  Vida, salud, individual y colectivo.

- **Banca-seguro**
  En este grupo se incluyeron ofertas combinadas de productos, servicios financieros y seguros, mediante la cartera de clientes de las asociaciones de ahorro y préstamos, y bancos.

Por otro lado, se desarrollaron planes de accidentes personales para clientes con tarjeta de crédito de los principales bancos y las asociaciones de ahorro y préstamos de República Dominicana: vida deudor, incendio deudor, automóvil deudor, vida sol, robo y asalto en cajeros automáticos…, una cobertura innovadora, esta última, que tuvo buena acogida entre los dominicanos.

- **Beneficios adicionales**

  – *Sol Asistencia,* un servicio para asegurados de vehículos de motor, con asistencia en reclamaciones, servicios de traslado, custodia del vehículo, servicios de transporte y repatriación, indemnización por pérdida del equipaje y garantías jurídicas.

– ***Auto rentado,*** un servicio que provee al asegurado de un vehículo mientras el suyo se repara como consecuencia de un accidente objeto de cobertura.

– ***Servicios exequiales y funerarios,*** que amparan al conductor del vehículo de motor asegurado en caso de muerte accidental, cuando dicho fallecimiento involucre directamente al vehículo asegurado.

– ***Casa del conductor,*** con servicios de asistencia legal, apertura de denuncia policial de accidentes, traslados a la Casa del conductor, etc.

Incorporamos a los proveedores en la estrategia de servicio, velando porque ofrezcan un servicio de alta calidad. Disponemos de un control del servicio de los proveedores para garantizar la calidad de los mismos: Casa del conductor, ajustadores, alquiler de vehículos, etc.

Estrategias de servicio

Las aseguradoras tenemos importantes retos vinculados al servicio que ofrecemos, como son los siguientes:

– Generar confianza en el producto.
– Superar la complejidad de los productos.
– Conseguir la fidelidad del cliente.
– Mantener niveles constantes en la prestación de servicios.

La confianza en el producto se genera a partir de su propia estructura y del análisis de sus beneficios. Los asegurados quieren beneficios, buscan que el producto o servicio adquirido responda a sus necesidades y les aporte un beneficio.

Por otro lado, dado que los contratos de seguros tienen con frecuencia un carácter excesivamente técnico y en ocasiones escapan a la comprensión de los asegurados, una de las funciones del intermediario de seguros es facilitar su comprensión, así como dotarse de formatos contractuales sencillos y fáciles de entender.

$$\text{Valor por esfuerzo} = \frac{\text{Prestaciones} + \text{Emociones}}{\text{Precio} + \text{Incomodidades} + \text{Inseguridades}}$$

Figura 4.2.
Ecuación del valor por esfuerzo.

La fidelidad del cliente se consigue mediante el esfuerzo continuado que generan las fuerzas internas de la organización. En seguros, lo que fideliza a un cliente son las personas, la calidad del servicio y la capacidad de respuesta del asegurador.

Mantener niveles constantes en la prestación de servicios es vital para satisfacer y fidelizar al cliente. Es como decirle: «Nuestra relación persiste. No acaba al completarse el pago de tu prima. Continuamos, llámame, estoy aquí, en qué puedo ayudarte». Esto es lo que el cliente quiere, continuidad.

En nuestra organización somos conscientes de estas necesidades y trabajamos para que los productos sean consistentes, fiables y destaquen sus bondades.

Como se ha explicado en el capítulo anterior, se debe conocer el ciclo de cada cliente para organizar la estructura de servicio de acuerdo con sus necesidades y sus expectativas. Del mismo modo, para construir la calidad del servicio se debe pasar todo por la lente del cliente. Hay que ponerse en su lugar y preguntarse continuamente si eso es lo que él quiere, si está lo suficientemente claro, si es lo suficiente rápido, etc.

La gestión del cliente

El cliente es fiel a una empresa porque cree en ella, porque le transmite emociones y le resulta fácil relacionarse con ella.

Si una empresa quiere mantener en el tiempo la relación con el cliente debe analizar sus prestaciones, su propuesta de servicio. Debe conocer, además, los elementos emocionales del cliente, sus inquietudes y sus miedos. Es posible identificarlos mediante el análisis del «valor por esfuerzo», un concepto introducido por el profesor Luis María Huete[2] y que se representa en la figura 4.2.

El numerador indica las acciones que producen la percepción del cliente (positiva o negativa) sobre el valor de la propuesta de servicio. En el denominador están los frenos que limitan la decisión del cliente.

Mediante una estructura de servicio adecuada, se deben eliminar estos frenos para que la empresa pueda crecer.

Como se ha analizado en el capítulo 3, las «prestaciones» son todas aquellas operaciones

---

[2] *Servicios y beneficios,* Luis María Huete, Ediciones Deusto, 2003, pág. 115.

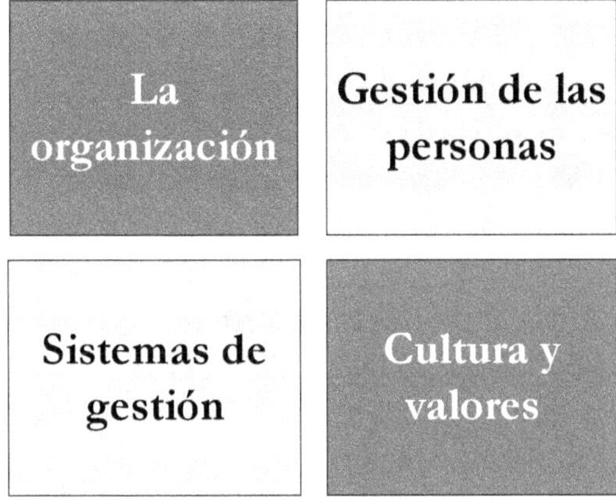

Figura 4.3.
Áreas de acción de la empresa.

De nada sirve tener un motor de ventas si luego no eres capaz de dar un servicio eficiente y eficaz al cliente. Para ello, la estrategia de servicio se ha de basar en la integración de todas las áreas de la empresa hacia un servicio eficiente y en los factores clave del éxito que se encuentran implícitos en cada una de las áreas de acción que se representan en la figura 4.3.

Una empresa de seguros debe estar orientada al servicio; desde el mensajero hasta

que la empresa lleva a cabo para atraer y captar al cliente, mientras que las «emociones» se refieren a las experiencias que el cliente tiene cuando entra en contacto con la empresa. Por ello, es fundamental la manera como se gestiona el servicio al cliente, cómo se desenvuelven las personas en contacto con el cliente, los empleados, la fuerza de ventas, etc., porque son la cara de la organización. Son los que crean los vínculos con el cliente.

En seguros, el freno que puede suponer el precio es muy importante, pero la fórmula está en saber comunicar los beneficios del servicio que compensan el precio que se ha de pagar por el mismo.

Las incomodidades están relacionadas con los costes o esfuerzos del cliente por contactarnos y adquirir nuestro servicio. Tienen que ver con la manera como la empresa es capaz de organizar su servicio para disminuir incomodidades tales como la duración del servicio, la accesibilidad al mismo o la sencillez del proceso de contratación.

Las inseguridades son un freno e influyen negativamente en la satisfacción del cliente y en su vinculación con la empresa. La inseguridad se puede deber a la falta de confianza hacia la solvencia del asegurador, los contratos de seguros, etc. Otros factores tienen que ver con la honestidad de la empresa, su fiabilidad en el pago de las reclamaciones o en la cobertura de los seguros, en el sentido de si cubren o no sus necesidades de protección.

la dirección, todos, deben cuidar continuamente la calidad del servicio que se da al asegurado y a los colaboradores. Sin burocracia, la empresa ha de ser un equipo accesible.

En cuanto a las personas, se debe contar con el equipo más profesional y experimentado posible y esforzarse por mantener un clima abierto y participativo, que promueva el desarrollo humano. Los equipos han de estar altamente motivados y fidelizados.

Los sistemas de valores y creencias no son estáticos, están vivos y se pueden sentir. La proactividad y la ética se han de palpar día tras día, en la dirección y en todos los empleados. Se debe predicar con el ejemplo y esforzarse por enseñar, por reconocer y por demostrar que las acciones tienen su fundamento en estos valores.

Sin ninguna duda, es imprescindible contar con sistemas de comunicación, de información y de gestión acordes con las necesidades de la organización, que sirvan de apoyo en las estrategias de negocio y servicios.

Estrategias de recursos humanos

Para satisfacer a un cliente se debe primero satisfacer y fidelizar a los propios empleados. Un empleado insatisfecho y no fidelizado jamás efectuará un servicio de calidad. La calidad se construye con las personas (cliente interno) hacia las personas (cliente externo). Para construir la satisfacción y la fidelización del cliente interno hay que apoyarse en el liderazgo de las personas. Se debe lograr su implicación, su compromiso con la organización.

La gestión de las personas se ha de fundamentar en el conocimiento de sus necesidades. Todos trabajamos por motivos distintos y conocer los elementos que motivan a las personas es uno de los principales focos de acción.

Tomando como referencia a Sol Seguros, la propuesta de valor al cliente interno, el equipo de personas, considera varios elementos que es imprescindible tener en cuenta:

- **El salario**
  El salario es un elemento importante en el trabajo, pero no el determinante para su satisfacción. Se trata de ofrecer salarios competitivos, basados en la descripción de puestos, y el análisis y la valoración de los mismos.

- **El puesto de trabajo**
  Deben existir puestos de trabajo que desde un punto de vista profesional enriquezcan a las personas, que les aporten aprendizaje y supongan un reto. Aunque

se elabore una descripción de puestos, no es muy positivo limitar la capacidad de las personas circunscribiéndolas a un determinado puesto. Si cada persona tiene la posibilidad de llegar a donde quiera, el rol de un líder es facilitarle el camino, mediante el desarrollo de sus habilidades y competencias y mediante cursos de capacitación.

* **La empresa**
Debe ser abierta y evitar la burocracia, con fluidez en las interacciones internas, y debe actuar con claridad y transparencia con los colaboradores. Es conveniente comunicar de manera sistemática los resultados de la empresa, transmitiendo a los empleados hacia dónde se avanza, que siempre es posible encontrar fórmulas y mejoras que beneficien a todos. Se trata de hablar de un proyecto creíble donde lo importante es la implicación de las personas.

* **La organización**
Para un empleado, es importante saber que forma parte de una empresa organizada, que sus directivos tienen las aptitudes y actitudes para liderar su área. Es importante esforzarse por mejorar los medios materiales y las condiciones de trabajo, y tratar a la vez de conseguir un buen ambiente de trabajo, con camaradería y un clima abierto que propicie la creatividad, la participación y la satisfacción de los colaboradores.

A lo largo de años de experiencia en la gestión de personas, me he dado cuenta de que la manera como las dirigimos y las lideramos influye mucho en su salud emocional, determina la capacidad para aportar conocimientos y habilidades a la empresa, y puede ser decisiva en su vinculación con la misma.

Cuando se es consciente de ello, es posible influir en la salud emocional de las personas desde el punto de vista de su seguridad en el trabajo, y generar la confianza de que en él pueden crecer intelectual y emocionalmente. Para ello, la persona ha de disponer de plena libertad para crear, para buscar formas de trabajar con mejores criterios de calidad, con responsabilidades y poder de decisión. Cada puesto de trabajo ha de incluir retos que el empleado pueda asumir, con un referente en el que basar los reconocimientos y distinguir a los empleados, en un ambiente de trabajo donde prime el compañerismo, en el que las personas compartan sus experiencias y sean aceptadas, donde el empleado pueda crecer y ver su evolución, en el que se tomen en cuenta sus aportaciones y en el que sienta que realmente contribuye y que su trabajo es importante. Todo esto es posible en un entorno de trabajo basado en la colaboración de los equipos que lo conforman.

Estrategias operacionales y técnicas

En Sol Seguros se ha impulsado una plataforma de servicio al cliente. La estrategia técnica es mantener una cartera equilibrada de nuestros productos, con un seguimiento continuo de los índices de gestión técnica y financiera.

Los procedimientos están rigurosamente automatizados y todo el proceso de negocio bien definido para mantener un buen nivel de respuesta, ágil y flexible, con unas políticas de suscripción diseñadas para garantizar el equilibrio en las operaciones.

En las reuniones periódicas discutimos los resultados técnicos obtenidos, que nos sirven para evaluar y para ajustar las decisiones.

Por otro lado, contamos con una red de proveedores de servicios de ingeniería que nos ayudan en la evaluación y aceptación de los riesgos de seguros generales.

Contamos con los mejores técnicos de seguros de República Dominicana, personas con un amplio conocimiento del mercado y de los riesgos que pueden derivarse de cada tipología de negocio.

El departamento de reclamaciones informa a todas las áreas sobre los tipos de reclamaciones recibidas para alertar a las áreas de suscripción, negocios y ventas sobre la calidad de los riesgos que se han asumido.

Todos nuestros contratos están respaldados por las principales empresas de reaseguro del mundo. En términos contractuales, Hannover Re, Mapfre Re, Nationale Borg, Odyssey Re, QBE Istmo, Reaseguradora Patria, Swissre; y en reaseguro facultativo, Av Gen Underwriters, Butcher Robinson and Staples, Gen Re, Hannover Re, Mallen Corredor de Reaseguros, Muenchener Re, Reaseguradora Hispaniola, PWS Limited, Transatlantic Re, Zurich Re y Converium Re.

Trabajamos también con los mejores corredores de reaseguro del mercado internacional: Guy Carpenter, Robert Flemings, XL Venezuela, Risks Solutions, Walbaum, Cooper Guy y AON.

Resultados de Sol Seguros

En el año 2004, Sol Seguros estaba en la posición número 20 de la graduación de empresas aseguradoras dominicanas, con primas por un valor de RD$13,904,122.8 y una participación en el mercado del 0.1 %.

Tras la puesta en marcha de las estrategias indicadas anteriormente, conseguimos en el primer año de operación un crecimiento del orden del 981.40 %, pasando de la vigésima a la décima posición en el mercado.

Experimentamos un crecimiento importante en todos los ramos, excepto en salud, si bien en 2006 este ramo logró reportar un total de primas cobradas de RD$1,320,706.

Con respecto al mercado, Sol Seguros ha incrementando gradualmente la participación en cada uno de sus ramos, como puede observarse en las tablas 4.1 y 4.2.

En el período 2005-2006 se incrementó la participación en los principales ramos: vida, del 0.9 al 4 %; en accidentes personales, del 0.4 al 0.9 %; en incendio, del 0.9 al 2.89 %; en naves marítimas y aéreas, del 3.8 al 10.4 %; en transporte, del 0.79 al 1.6 %; en vehículos de motor, del 1.5 al 3.2 %; en fianzas, del 1.6 al 5.4 %, y en otros seguros (responsabilidad civil, fidelidad, etc.) hemos pasado del 2.9 al 6.6 %.

Estos resultados son sumamente satisfactorios porque se han conseguido gracias al esfuerzo de nuestro equipo, a la confianza de los clientes y a la de los intermediarios.

A pesar de no contar con el apoyo de un grupo financiero que aporte clientes, hemos utilizado el saber hacer y la experiencia en el mercado para lograr este crecimiento en todo nuestro portafolio de productos.

Un aspecto sumamente interesante de la gestión técnica y de negocio es que mantenemos un buen equilibrio en nuestra cartera, en la que cada ramo exhibe un crecimiento similar.

Con la entrada en vigor de la Ley de Seguros y Fianzas 146-02, en el año 2002, las empresas de seguros tienen la obligación de reportar sus índices de solvencia, liquidez y el estado de beneficios. Al final del cuarto trimestre de 2005, Sol Seguros presentaba los siguientes índices de solvencia y liquidez, los cuales reflejan un correcto nivel de desempeño, como se indica en la tabla 4.3.

Los datos relativos al estado de beneficios de Sol Seguros en 2005, se pueden apreciar en la tabla 4.4.

Con respecto al mercado dominicano (veintisiete empresas), Sol Seguros mantiene unos buenos niveles de gestión, en cuanto al coste de los negocios de seguros y reaseguros, con 198 millones, mientras la media del mercado es de 421.68 millones. En cuanto a los gastos generales y administrativos, exhibe un resultado de 39.4 millones, mientras que la media del mercado es del orden de 95.29, y el total de gastos de sus operaciones es de 239 millones, mientras que la media del mercado es de 528.33. En estos resultados influye el tamaño de las empresas, ya que una empresa con un volumen de operaciones mucho mayor, como es el de Seguros Universal, por ejemplo, no se puede comparar con una organización mucho menor. Aunque no importan tanto las cantidades sino las proporciones de las mismas con respecto al volumen de las operaciones. Sol Seguros se mantiene en unos niveles de gestión técnica y económica muy equilibrados.

La tabla 4.5 muestra la posición de Sol Seguros con respecto al mercado en cuanto a la composición de sus activos, pasivos y patrimonio.

	2004	2005	*Tasa de crecimiento (%) (05/04)*	2006	*Tasa de crecimiento (%) (06/05)*
Vida individual	–	682,466	–	6,378,481	834.6
Vida colectivo	469,242	1,356,019	189.0	–	–
Salud	–	–	–	1,320,706	0.0
Acc. personales y salud	3,757	638,737	16,902.3	1,780,872	178.8
Incendio y aliadas	3,869,492	35,926,294	828.4	157,086,277	337.2
Naves marítimas y aéreas	90,708	4,769,914	5,158.6	15,768,765	230.6
Transporte	151,953	1,756,086	1,055.7	4,670,233	165.9
Vehículos de motor	7,132,856	74,834,614	949.2	178,021,189	137.9
Fianzas	63,719	5,366,892	8,322.7	21,616,560	302.8
Otros seguros	2,122,395	25,034,471	1,079.5	72,329,827	188.9
Total	13,904,123	150,365,493	981.4	458,972,910	205.2

Primas no exoneradas. Fuente: Cadoar (Cámara Dominicana de Aseguradores y Reaseguradores). Valores en RD$.

Tabla 4.1.

Primas percibidas por Sol Seguros en el período 2004-2006.

	2005			2006		
	Sol Seguros	*Mercado*	% MS	*Sol Seguros*	*Mercado*	%MS
Vida individual	682,466	73,870,166	0.9	6,378,481	158,442,671	4.0
Vida colectivo	1,356,019	689,652,642	0.2	–	664,171,314	–
Salud	–	483,961,325	–	1,320,706	464,611,253	0.3
Acc. personales y salud	638,737	170,107,004	0.4	1,780,872	192,485,084	0.9
Incendio y aliadas	35,926,294	4,161,718,475	0.9	157,086,277	5,631,872,944	2.8
Naves marítimas y aéreas	4,769,914	124,169,454	3.8	15,768,765	151,221,725	10.4
Transporte	1,756,086	239,006,089	0.7	4,670,233	284,818,741	1.6
Vehículos de motor	74,834,614	4,985,430,857	1.5	178,021,189	5,522,686,717	3.2
Agropecuario	–	–	–	–	–	–
Fianzas	5,366,892	330,610,559	1.6	21,616,560	398,415,513	5.4
Otros seguros	25,034,471	850,950,359	2.9	72,329,827	1,101,600,169	6.6
Total	150,365,493	12,109,476,932	1.2	458,972,910	14,570,326,132	3.2
Posición	10.º			6.º		

Primas no exoneradas. Fuente: Cadoar (Cámara Dominicana de Aseguradores y Reaseguradores). Valores en RD$.

Tabla 4.2.

Primas cobradas por Sol Seguros y su participación en el mercado dominicano en el período 2005-2006.

Situación del mercado asegurador

En 2005, el mercado asegurador dominicano decreció un 4.1 % debido a la fuerte depreciación del peso dominicano frente al dólar, experimentada durante el último semestre de 2004 y el primer tramo de 2005, que trajo como consecuencia un ajuste en los valores asegurados de todas las propiedades aseguradas.

Durante ese año 2005 se mantuvo el mismo nivel de concentración de primas entre las primeras cinco empresas aseguradoras, las cuales manejaban el 84 % del mercado.

Los beneficios de las empresas de seguros antes de impuestos fueron de 927.8 millones, representando un aumento del 10.9 % con respecto a 2004, que referidos a los ingresos totales de las compañías representan el 6.1 % en 2005 y el 5.3 % en 2004. Estos resultados son producto de una serie de factores como la reducción de la siniestralidad en diversos ramos; la reducción del coste de reaseguros del 12.7 % con respecto a 2004; la reducción de las reservas de seguros al disminuir las primas retenidas; los costos de adquisición fueron del 10.9 %, un 0.5 % menos que en 2004 (esta disminución fue debida a que el ramo de seguro de persona, en especial el seguro de discapacidad y sobrevivencia, experimentó un incremento importante y dicho producto no presenta costo de adquisición alguno).

En lo que respecta a la siniestralidad, en 2005 hubo una reducción del 4.32 %, pasando del 60.9 en 2004 al 58.2 % en 2005, debido principalmente a la no ocurrencia de catástrofes locales y a la reducción de las pérdidas o una mejora en el ramo de automóvil y de incendio. En cambio, los gastos generales y administrativos se vieron afectados por la reducción de la captación de primas, que en 2005 fueron del 18.28 % en comparación con el 13.96 % de 2004.

El costo de reaseguros fue en 2005 de un 46.1 %, dos puntos por encima de 2004.

Índice de solvencia		*Índice de liquidez*	
Patrimonio técnico ajustado	39,264,297	Disponibilidad libre de gravamen y fácil liquidez	45,933,633
Margen de solvencia mínimo requerido	20,198,036	Liquidez mínima requerida	42,346,337
Diferencia	19,066,261	Diferencia	3,587,296

Fuente: Superintendencia de Seguros, revista *Cadoar,* núm. 24, agosto de 2006, págs. 17-18.
Valores en RD$.

Tabla 4.3.
Índices de solvencia y liquidez de Sol Seguros (trimestre 31 de diciembre de 2005).

ESTADO DE BENEFICIOS DE SOL SEGUROS

Del 1 de enero al 31 de diciembre de 2005	
Ingresos	*Millones RD$*
Primas suscritas	239.2
Reasegurados aceptados	–
Total de primas suscritas y reaseguros aceptados	**239.2**
Intereses sobre inversiones y otros	6.3
Total de ingresos	**245.5**
Costos de reaseguro neto	82.1
Comisiones y otros costos de adquisición	23.7
Siniestros y otras prestaciones incurridas	37.3
Aumento (disminución de las reservas)	54.9
Total costos de los negocios de seguros y reaseguros	**198.0**
Referidos a las primas suscritas	82.8 %
Costos del dinero y otros gastos	1.5
Gastos generales y administrativos	**39.4**
Referidos a las primas suscritas	16.5 %
Subtotal	**41.0**
Total de gastos de operaciones	239.0
Beneficios (pérdida) del período	**6.5**
Referidos a los ingresos totales	**2.6 %**

Fuente: Superintendencia de Seguros, revista *Cadoar*, núm. 24, agosto de 2006, pág. 19.

Tabla 4.4.

Estado de beneficios de Sol Seguros en 2005.

BALANCE GENERAL DE SOL SEGUROS EN DICIEMBRE DE 2005

	Pos.	
Total inversión de las reservas	13	46,188,910.00
Efectivo en caja y banco	9	11,881,357.00
Primas cuentas y documentos por cobrar	8	112,097,286.00
Total de activos	11	**198,179,530.00**
Reaseguros, cuentas y documentos por pagar	8	65,057,448.00
Total reservas de seguros	9	75,469,670.00
Total pasivos	10	**155,671,257.00**
Capital en acciones	9	34,500,000.00
Beneficios acumulados	11	**4,804,068.00**
Total patrimonio	14	**42,508,274.00**

Fuente: Superintendencia de Seguros, revista *Cadoar*, núm. 24, agosto de 2006, pág. 20.

Tabla 4.5.

Balance general de Sol Seguros en 2005.

Este aumento se debió al incremento de los costes de reaseguro, especialmente en los riesgos catastróficos (huracanes, terremotos, etc.).[3]

En el año 2005, las empresas de seguros aportaron al fisco un total de RD$1,935,213,195.5 en concepto de recaudaciones impositivas, un 22.62 % más que en 2004.[4]

A escala internacional, tras el paso del huracán *Katrina* por la ciudad de Nueva Orleáns, el 29 de agosto de 2005, los reaseguradores aumentaron las primas de sus contratos, especialmente en los de reaseguros XLs o coberturas catastróficas y, además, limitaron aún más su capacidad o disponibilidad.

En el año 2006, el sector experimentó un crecimiento del 19.15 % (incluyendo primas exoneradas) con respecto a 2005, reportando primas cobradas por valor de RD$17,259,299,973.

En ese año se redujo la concentración de primas entre las primeras cinco empresas de seguros, y pasaron del 84 al 80.2 % en 2006, participación que fue ganada por otras empresas del mercado, como Sol Seguros, que avanzó a una sexta posición y Mapfre, que en un año de operación avanzó a una octava posición.

Los ramos con mayor participación fueron: incendio y líneas aliadas, con una parti-

---

La recuperación económica

El país se ha ido recuperando poco a poco de la crisis económica que le afectó durante los pasados años. Al cierre de 2005, el PIB medido en términos reales mostró un crecimiento del 9.3 %, gracias a la estabilidad macroeconómica, manifestada en el control de la tasa de cambio y la reducción de las tasas de inflación.

En el año 2006, el PIB medido por actividad económica refleja un crecimiento del 15.3 % (a precios corrientes) y en términos reales de un 10.7 %, el más alto en los últimos quince años.

La inflación que en 2005 se mantuvo en un promedio anual del 7.44 descendió al 5 %. Durante estos dos años, el país ha gozado de cierta estabilidad macroeconómica, lo que ha permitido su recuperación.

Entre los factores que han incidido en este marcado crecimiento económico, destacan las importaciones de bienes y el consiguiente aumento de la cartera de préstamos de la banca múltiple, y también el aumento de las actividades productoras de bienes, el incremento de las exportaciones de productos nacionales y la inversión bruta interna.

La tasa de cambio durante 2006 se mantuvo en niveles nominales próximos a RD$30/1US$.[5]

---

[3] «El seguro en cifras», 2005, revista *Cadoar*, núm 24, agosto de 2006.

[4] «Aportes del mercado asegurador al fisco aumenta en un 22.26 %», *Superintendencia de Seguros*, año 9, núm. 18, junio de 2006, pág. 33.

[5] *Informe económico del Banco Central de la República Dominicana*, 2006.

cipación del 36.52 % y unas primas de RD$6,303 millones de pesos; seguido de vehículos a motor, con un 32.57 % de participación y unas primas de RD$5,621 millones; y salud, con una participación del 6.83 % y unas primas de RD$1,178 millones.

En el tercer trimestre del año 2006, la siniestralidad medida en términos netos de reaseguro experimentó un incremento de ocho puntos porcentuales con respecto a 2005, siendo del orden del 60.9 %. El ramo con mayor siniestralidad fue el del automóvil, con un 79.7 %, el más alto en los últimos tres años.

Los resultados del período fueron de 586.8 millones de pesos, un 18.1 % menos que el experimentado en 2005, que fue de 716.2 millones. Según el Informe Ejecutivo de Cadoar del 30 de septiembre de 2006, esta disminución se debió al incremento de los costes de reaseguro, en más de un 25 % de la siniestralidad, y a la reducción de los ingresos por inversiones debido a la fuerte caída de los tipos de interés.

El incremento de los activos es del 3.7 %, donde destacan las inversiones, que alcanzaron un crecimiento del 1.65 % con respecto a 2005. El incremento del patrimonio de las aseguradoras del 17.6 % en el renglón de capital pagado, se debió a la continua capitalización del sector para cumplir las regulaciones de la Ley 146-02, en cuanto a los índices de solvencia y liquidez.[6]

En 2006, Cadoar anunció el alza de precios en las tasas de seguros para riesgos de incendio y líneas aliadas en propiedades e industrias, que, además, se encuentren en zonas de alta exposición a las catástrofes. En julio de 2006 la prima subió a 12 pesos por cada mil, lo que representa un incremento del 50 %.[7]

 Estas medidas son consecuencia del incremento de los precios de los reaseguradores, quienes han establecido ciertas restricciones para el coaseguro entre aseguradoras, cambios en las formas de contratar pólizas de interrupción de negocios, el aumento de los deducibles, etc.

Los reaseguradores están buscando estandarizar sus precios y su capacidad de reaseguro por regiones; República Dominicana se encuentra en una de las regiones de mayor exposición a las catástrofes por huracanes, junto a Florida y Puerto Rico.

Por otro lado, a partir de la Resolución 1-2006, las agencias calificadoras internacionales (A.M. Best, Fitch, Moody's, Standard & Poors) deberán evaluar la solvencia de las aseguradoras y reaseguradoras del exterior que requieran ser registradas en la Superintendencia de Seguros para efectuar operaciones de reaseguros en el país; esto es, acogiéndose a lo que estipula el artículo 23 de la Ley 146-02 de Seguros y Fianzas sobre la autorización de un reasegurador exterior.

---

[6] Informe Ejecutivo a 30 de septiembre de 2006, Cadoar, www.cadoar.org.do.
[7] Revista *Cadoar,* núm. 24, agosto de 2006..

Algunas reflexiones sobre el sector

Después de la crisis y el cierre de las empresas aseguradoras más importantes del mercado dominicano, es conveniente reflexionar y pensar que la actividad aseguradora se debe enfocar hacia el desarrollo de los seguros en este país, en lugar de buscar una mera participación en el mercado.

La experiencia ha demostrado que esta tendencia, descuidando aspectos técnicos del negocio, no aportará ningún beneficio a medio ni a largo plazo. La diferenciación se conseguirá dando al cliente mayor valor por su esfuerzo. Es decir, dando mejor calidad de servicio a un coste razonable para el cliente. Dicho coste se refiere al precio de nuestro servicio, pero también al número de facilidades que otorguemos al cliente para que sea nuestro cliente para siempre.

Se debe invertir en el desarrollo de nuevos productos, pensar en las necesidades de protección de los clientes y satisfacerlas. El mercado dominicano tiene muchas potencialidades. Aún existen muchos nichos de mercado por desarrollar.

Las empresas de seguros deben hacer eficientes sus operaciones, invertir en tecnología y en la formación de sus colaboradores. Esto nos hará más eficientes y competitivos.

Las tecnologías de la información y la comunicación nos llevarán a una adaptación más rápida de los productos, los precios y las estrategias de mercado, al reducir el tiempo de planificación y ejecución de las mismas. Estamos en la era de internet y nuestro mercado tiene un canal importante que debe explotar.

Por otro lado, las actividades de banca-seguros y una creciente internacionalización del seguro ofrecen nuevas perspectivas de crecimiento.

Con el Tratado de Libre Comercio DR-CAFTA, las empresas de seguros, intermediarios y los otros elementos del sector, pueden encontrar nuevos nichos de mercado y establecer nuevas alianzas estratégicas para ampliar la oferta de productos en otros mercados, pero para ello debemos prepararnos adecuadamente. Se debe tener en cuenta que del mismo modo que podemos ofrecer nuestros servicios en otros mercados, también otras empresas extranjeras podrán ofrecer soluciones innovadoras a nuestros asegurados.

El caso más reciente es la entrada de nuevas empresas como Mapfre, en 2005, por ejemplo, que, con una vasta experiencia en el sector asegurador internacional, amenaza con ocupar una importante posición en República Dominicana, con el respaldo del Grupo Mapfre, un excelente equipo técnico y productos muy innovadores.

El sector asegurador y financiero en general se verá influenciado por los cambios en las normas internacionales de contabilidad, que buscan crear un lenguaje mundial común para entender los resultados financieros de las empresas. Estos cambios impactarán en el riesgo de seguro *versus* el financiero y en la medición de los activos y pasivos resultantes de los contratos.

El reto es ser eficientes y eficaces en las operaciones y no perder de vista al cliente como eje de todas nuestras acciones.

Nuestro mercado tiene mucho potencial, debemos cuidarlo y abocarnos a prácticas de gestión empresarial que conduzcan al éxito.

Capítulo 5

Un viaje en buena compañía

Todo viaje necesita un propósito, unos recursos, unas personas, una organización y unas responsabilidades definidas. El destino podrá ser interesante, el propósito muy claro, la organización perfecta, se podrán disponer de recursos, pero las claves para que la experiencia sea satisfactoria y trascendente son las sinergias de las personas que participan en el viaje y el estilo de liderazgo que experimenten.

El departamento de Seguros Generales de la Compañía Nacional de Seguros y Seguros Banreservas tuvieron claro cada uno de los elementos del viaje, donde destacó sin lugar a dudas el equipo de trabajo liderado por Simón Mahfoud.

El valor más destacable del liderazgo estriba en la capacidad de crear equipos de alto desempeño. Equipos de personas con flexibilidad, adaptabilidad y compromiso. Éste ha sido uno de los logros más significativos alcanzado por estas empresas.

Este capítulo abordará las cuestiones fundamentales del trabajo en equipo y del liderazgo, y conoceremos los aspectos más relevantes de la experiencia de las personas que han participado en un viaje que hoy persiste en la filosofía corporativa de Sol Seguros: Manuel Lara, Dalila Martínez, Leonor Rivas, Aida Ruiz, Juan José Guerrero, Ceila Medina, Juan Carlos Contín, Luis Torres, Xiomara Iglesias, Odalis Rodríguez, César Herasme, Evelio Martínez y Raúl Parra, entre otros (véase la tabla 5.2 al final de este capítulo).

Un equipo que la gente mira

Con estas palabras definió Ludín Santana el trabajo en equipo que están llevando a cabo en su empresa, Sol Seguros: «Un equipo que la gente mira». Frases similares las encontramos en Leonor Rivas, al referirse a «un equipo que con Seguros Banreservas creó un concepto diferente de la gestión empresarial en nuestro país», y que Evelio Martínez, Raúl Parra y

Aida Ruiz definen como «un equipo ejemplar que ha podido conservar sus valores a través del tiempo», al referirse al departamento de Seguros Generales de la Compañía Nacional de Seguros.

¿Qué valores subyacen en este equipo que la gente mira, que ha sido diferente y ha conservado sus valores a través del tiempo? ¿Cuáles son los referentes principales en la dinámica de estos equipos?

Respondiendo a la primera pregunta, el aspecto más relevante es que funciona como un auténtico equipo. A pesar de que el escenario en el que ha tenido lugar su esfuerzo ha cambiado, el equipo sigue trabajando sobre las mismas bases y apoyándose en los mismos valores. Usando como referencia la figura 5.1, podemos afirmar que es un equipo que ha sabido combinar y complementar sus habilidades, que ha seguido una misma meta, que ha hecho suyo el propósito del viaje, sintiéndose responsable por los resultados, que ha logrado el crecimiento personal de sus miembros y que ha conseguido un alto desempeño.

Seguros Banreservas fue un ejemplo de compromiso, según palabras de Manuel Lara, unido a la capacidad de trabajo del equipo; el compromiso de la dirección de la empresa y la transmisión de sus valores (honestidad, seriedad y transparencia), fueron determinantes para posicionarla en poco tiempo en un lugar importante en el mercado.

La base de este equipo estuvo marcada por unas metas coherentes y los enfoques de liderazgo. Como explican Leonor Rivas y Juan José Guerrero, todos estaban alineados para conseguir un objetivo común, en el que primaba la pasión por el servicio al cliente, por las personas, por el crecimiento y la rentabilidad de la empresa. Este sentido de responsabilidad compartida se consigue a través de la confianza, de la comunicación abierta, de la transparencia y la credibilidad del líder, que, en palabras de Dalila Martínez, son las bases para que las personas se entreguen y den lo mejor de sí mismas.

En estos equipos, la característica más destacable es que el resultado del servicio ha sido el producto del trabajo colectivo. Un equipo que ha sabido complementarse y nutrirse de sus habilidades multidisciplinarias, de su saber hacer, de sus relaciones interpersonales para fluir, para adaptarse a los cambios y para entregar un servicio de calidad.

Si nos fijamos de nuevo en la figura 5.1, vemos que en un entorno donde existe esta dinámica grupal, la organización se vuelve circular, más flexible, más participativa. Un elemento que destacan Ceila Medina, Odalis Rodríguez, Aida Ruiz, Xiomara Iglesias, César Herasme y Juan Carlos Contín, al referirse a la confianza que les transmite un entorno en el que ellos pueden crecer, donde existe confianza en su trabajo; donde está presente el concepto de puertas abiertas, de compañerismo, de proximidad; donde pueden tomar sus propias decisiones; donde existe un clima abierto y participativo; donde cada uno puede encontrar un espacio en el que contribuir y aportar sus ideas a la mejora generalizada de la organización.

Otro aspecto que hay que destacar es la energía que se genera como consecuencia de la

Orientado hacia el desempeño

Figura 5.1.
Un auténtico equipo se orienta hacia el desempeño.

motivación, la cohesión, la identificación del equipo con el proyecto y con la organización; esta energía ilumina, impregna de fuerza y pasión cada una de las actividades que, en opinión de Raúl Parra, Aida Ruiz, Xiomara Iglesias y Odalis Rodríguez, fue lo que hizo diferente al equipo de trabajo del departamento de Seguros Generales en la Compañía Nacional de Seguros.

Éste es un equipo que la gente mira porque se sostiene en una cultura corporativa que promueve la confianza, la disciplina, el trabajo duro, el conocimiento, la interacción entre las personas y su entorno, la comunicación, la creatividad, la ética y el crecimiento de las personas.

Dando respuesta a la segunda pregunta, sobre cuáles son los referentes en la dinámica de estos equipos, encontramos el estilo de liderazgo de Simón Mahfoud. Un estilo que, en opinión de estas personas, se ha caracterizado por la confianza, la valoración de la persona por encima de todo, la disciplina, el esfuerzo, la coherencia, la capacidad de escuchar, la comunicación, el optimismo, la capacidad de asumir riesgos, de dar autonomía a las personas, de reconocerlas sistemáticamente, de premiarlas, de ayudarles a aumentar su valor y su potencial, de reconocer el comportamiento que desea promover, de dar vida a los valores de la empresa, de compartirlos, y de creer que cada persona puede ser un líder.

En opinión del corredor de reaseguros, la excelente relación de Simón Mahfoud con el mercado del reaseguro internacional es una fortaleza importante en este negocio. La profesionalidad demostrada por su equipo hace placentera la relación de negocios entre el reasegurador y la empresa aseguradora. En opinión de Julie Larido (managing director *de*

Guy Carpenter & Company), lograr que un equipo quiera a su jefe, le respete, sea fiel y trabaje duro para que la empresa sea exitosa requiere un buen liderazgo.

Bruno Krenboeck de la Suiza de Reaseguros reconoce en Simón Mahfoud a un socio en quien poder confiar, técnicamente muy competente y que coloca sobre la mesa una gran dosis de conocimiento y dedicación en cada proyecto que asume. De hecho, por estas razones, afirman haber acompañado a Simón durante los últimos veinte años en cada proyecto, cada iniciativa, porque han considerado, como reaseguradores y como amigos, que aporta importantísimos valores a nuestra relación, tanto en el marco de la actividad aseguradora, como también dentro de la amistad personal que se han desarrollado en los últimos años.

* * * * *

El trabajo en equipo y el liderazgo

El trabajo en equipo no es lo mismo que «el grupo de trabajo». En la tabla 5.1 se muestran las diferencias más significativas.

Pero, ¿qué es realmente un equipo? Se puede definir como un reducido grupo de personas con habilidades complementarias, comprometidas con un propósito común, con un conjunto de metas que deben lograr y con un enfoque por el que se sienten solidariamente responsables.[1]

Adicionalmente a lo que se describe en la tabla 5.1, es conveniente matizar algunos conceptos:

- *Un pequeño grupo de personas,* significa que, en una organización, en el marco de un gran equipo, se encuentran varios subgrupos que funcionan como auténticos equipos.

- Las *habilidades complementarias* son fundamentales para equilibrar la composición del equipo. Estas habilidades se pueden resumir en tres áreas: conocimiento

Grupo de trabajo	*Trabajo en equipo*
Líder fuerte y con una orientación clara.	Liderazgo compartido.
Responsabilidad individual.	Responsabilidad individual y colectiva.
El propósito del grupo coincide con la misión organizacional más amplia.	El equipo tiene un propósito específico con el que debe cumplir.
Productos de trabajo individuales.	Productos de trabajo colectivos.
Realiza reuniones eficientes.	Alienta el debate abierto y reuniones activas para resolver problemas.
Mide su eficacia indirectamente a través de la forma en la que influye en los demás (por ejemplo el rendimiento financiero de la empresa).	Mide el desempeño de manera directa evaluando los productos de trabajo colectivos.
Debate, decide y delega.	Debate, decide y realiza un trabajo continuo.

Tabla 5.1.
Diferencias entre el trabajo en equipo y los equipos de trabajo.[2]

[1,2] *El trabajo en equipo,* compilado por John R. Katzenbach, Editorial Granica, 2000.

técnico, habilidad para resolver conflictos y tomar decisiones y habilidades interpersonales (capacidad de escuchar, objetividad, ser constructivos en las críticas y reconocer los intereses y logros de los demás).

- *Comprometidos con un propósito común,* porque el compromiso es la base del trabajo en equipo y lo convierte en una poderosa unidad colectiva.

- Las *metas que hay que lograr* son necesarias para dar sentido al propósito del equipo; es decir, el equipo debe enfocarse hacia el logro de esas metas, y debe poner en común sus puntos de vista respecto a la organización de las distintas actividades que debe llevar a cabo.

- La *responsabilidad* surge de manera espontánea cuando en un equipo están claras las metas y se comparte un enfoque común.

De lo anterior se deduce que en un equipo son claves la confianza, la disciplina, el compromiso, el *empowerment* y la «dinámica de grupos», concepto este último que se relaciona con la manera en que se establecen la comunicación, la resolución de conflictos, la cohesión, la participación, la coordinación y la colaboración en el seno del equipo.

Shackleton, la capacidad de crear equipo

Ernest Shackleton dirigió la última epopeya transatlántica del imperio británico, que pretendía llevar a cabo la primera travesía del Antártico. Este hombre de mar llevó a cabo un reclutamiento exhaustivo de sus hombres, y seleccionó de entre cinco mil candidatos a veintiocho hombres de diferentes ocupaciones, pero con el mismo propósito: descubrir el Antártico.

Tras declararse la Primera Guerra Mundial, Ernest Shackleton partió el 5 de diciembre de 1914 en el *Endurance* desde la isla de Georgia del Sur (actualmente, sólo habitada por focas y leones marinos) con su tripulación de veintiocho hombres, entre marineros, científicos, cirujanos, un artista, un fotógrafo y con sesenta y nueve perros de trineo. La expedición partió mal equipada, con escasos recursos y fue todo un fracaso desde el punto de vista expedicionario, pero fue un gran ejemplo de liderazgo, de trabajo en equipo y de coraje. Perdió su barco, pero pudo, tras dos años de dramática travesía, salvar a todos sus hombres.

El *Endurance* –gracias a su casco reforzado, diseñado para soportar la abrasión del hielo– fue capaz de abrirse camino a través del agua helada hasta llegar a unos 150 kilómetros de la costa antártica; sin embargo, el 18 de enero de 1915, los témpanos rodearon el barco hasta dejarlo atrapado, mientras que el bancal de hielo se desplazaba a la deriva y les hacía retroceder de nuevo hacia el norte, hacia el mar de Weddell. Shackleton organizó a su equipo para que entre todos intentaran romper con picos los témpanos de

La cultura corporativa[3] y el estilo de liderazgo que tenga la organización, así como la habilidad del líder en traducir y hacer operativo el sistema de valores, son determinantes para la evolución y el comportamiento de las personas en sus respectivos equipos.

Los valores de una empresa son los que crean su personalidad, dan un sentido de identidad a las personas y guían las actuaciones y el comportamiento organizativo.

El liderazgo ha de servir para configurar grupos flexibles, capaces de desarrollar cuatro cosas: la improvisación, la sabiduría, la interacción respetuosa y la comunicación.

Del mismo modo que en todo viaje se necesitan algunas indicaciones para llegar a un destino feliz, un líder necesita estar familiarizado con algunas ideas clave para lograr de su equipo el máximo desempeño:

1. Definir los objetivos, el plan de acción y sus prioridades.
2. Contar con equipos multidisciplinares, con habilidades personales complementarias.
3. Establecer códigos de comportamiento comunes a través del sistema de valores.
4. Asegurarse de que los objetivos y las metas sean medibles y alcanzables.
5. Dar seguimiento al equipo y ofrecer el apoyo apropiado para el desarrollo de sus actividades.

---

hielo que inmovilizaban el barco y poder seguir con la travesía. Todos los esfuerzos fueron en vano. A pesar de todo, Shackleton no perdió la esperanza. Comunicó a su equipo que debían permanecer allí todo el invierno.

La tripulación estaba inquieta y Shackleton sabía que la disparidad de clases entre la tripulación podía crear cierta crispación, por eso organizó distintas actividades en las que la colaboración de cada persona fuera importante. Todos, incluyendo a Shackleton, tenían su rutina de trabajo. Sabía perfectamente que tenía que conservar la moral de su equipo y que cada uno debía sentirse partícipe de lo que se hacía y decidía en cada momento.

En septiembre, la presión del hielo era enorme y el *Endurance* no podría resistir mucho más tiempo, por lo que a finales de octubre Shackleton decidió abandonar la embarcación y explicó a su tripulación lo que tenían que sacar del barco, con lo que pudieron rescatar los botes salvavidas y algunos efectos personales.

---

[3] Conjunto de valores y normas que adopta una organización y que determina las pautas de comportamiento en sus relaciones con el entorno social y natural, los clientes, los proveedores y los colaboradores, así como la dinámica individual y grupal de sus miembros. La cultura corporativa se identifica con la energía que impulsa a una organización hacia la acción, movilizando sus elementos en un sentido y dirección determinados. *Diccionario de logística,* en www.logisnet.com.

6. Escuchar al equipo y tener encuentros periódicos para poner en común ideas, problemas, mejoras, etc.
7. Estar atento a las necesidades de las personas, del equipo y de la organización.
8. Ofrecer respuestas positivas y reconocimientos.

El líder debe impulsar el trabajo en equipo porque al hacerlo crea el clima laboral apropiado para lograr el crecimiento colectivo, el de las personas y el de la organización.

El trabajo en equipo es una de las claves para la innovación y la mejora de los procesos, para activar los cambios y lograr la sostenibilidad de la empresa. También es una de las bases en las que un líder fundamenta su gestión, principalmente porque necesita personas que contribuyan a impulsar los cambios, a lograr mejores resultados a través de mejores productos y servicios y que den sentido y sostenibilidad a la organización.

Elementos clave del liderazgo

En lo que se refiere al relato de Ernest Shackleton, cabe destacar su capacidad para crear equipo. Supo organizar, compartir las responsabilidades, motivar a sus hombres, reconocer sus necesidades, anticiparse a los hechos, dar instrucciones, delegar y, ante

La temperatura fuera del *Endurance* era de 28 grados centígrados bajo cero. No había suficientes sacos de dormir para todos y Shackleton organizó su distribución mediante sorteo.

El hielo empujó el casco hacia arriba, el barco se dio la vuelta y, finalmente, el 25 de noviembre se hundió. Para entonces, Shakleton había aceptado la idea de que les sería imposible cruzar el continente antártico y organizó con sus hombres, de manera improvisada, un campamento sobre aquella isla de hielo al que llamaron Ocean Camp.

Shackleton sabía que aquella situación en medio de la nada podía erosionar la moral de sus hombres y temía que algunos sucumbieran a la demencia. Para contrarrestar aquel riesgo, asignó distintas tareas y organizó actividades lúdicas, como partidos de fútbol, paseos con los perros, conciertos semanales, comidas, etc., todo aquello era útil para mantener el ánimo de las personas.

Lo pasado, pasado estaba. Si una meta había desaparecido, había otra mucho más importante para el explorador: volver a tierra con sus hombres vivos. Todos sus hombres supieron que eran lo más importante para Shackleton, quien se dedicó con devoción a asegurar la vida de su equipo.

Shackleton coordinó con sus hombres las posibilidades de salir con vida de aquel lugar. Entre todos intentaron arrastrar tres de los cuatro botes salvavidas hasta el borde del hielo,

todo, mantener una actitud positiva que trascendió a todos sus hombres y que fue determinante para que pudieran sobrevivir en aquellas circunstancias y durante tanto tiempo. En Shackleton encontramos un hombre que antepuso la vida de sus hombres a su sueño –que era atravesar la Antártida.

Esta historia nos lleva a reflexionar sobre la personalidad de un líder, sus valores, la fuerza y el conocimiento de sí mismo. ¿Qué debe tener un líder para conseguir un equipo de alto rendimiento y la lealtad de las personas?

En mi opinión, cuando lideras personas no debes olvidar que tú también lo eres. Esto quiere decir que también tienes ambiciones, miedos, emociones…, y que conocerlas te ayudará a conseguir una satisfacción real, un profundo sentido del propósito y un genuino éxito personal.

El conocimiento de uno mismo parte de un viaje interior que nos lleva a nuestro núcleo primario, la familia, y que nos ayuda a encontrar nuestro origen, nuestra esencia, la de nuestros valores y la de nuestros propios recursos.

Este conocimiento es el que determina nuestra confianza, la apreciación de nuestros talentos y logros, la autenticidad con la que decidamos vivir, la base de nuestras decisiones y nuestra actitud ante la vida.

Sea como sea nuestra vida personal y profesional, debemos preguntarnos regularmente si estamos trabajando de una manera ética y satisfactoria. Necesitamos saber adónde vamos, qué nos motiva, qué conseguimos. Debemos ser capaces de armonizar nuestras actitudes con los sentimientos y las emociones, es decir, con lo más primario

---

pero el progreso fue tan lento que, finalmente, optaron por aguardar la llegada del verano y la aparición de canales de agua.

Una vez más, Shackleton tenía que impedir que su equipo se derrumbara. Sabía que enfrentarse al hielo era más fácil que enfrentarse a la mente de las personas.

Su equipo empezó a dudar de su absurdo optimismo, pero Shackleton no permitió que la tensión se apoderara de él. Resolvía los conflictos de una manera ecuánime. Tenía la capacidad de atraer la lealtad de sus hombres.

En abril de 1916, tras matar y comerse a los últimos perros, se subieron a los botes. Durante siete días cubrieron –remando– una distancia de 180 kilómetros, en unas aguas terriblemente frías, en dirección a la isla Elefante, ubicada en la misma punta norte de la península Antártica y donde jamás había llegado ningún hombre. Cuando, tras 490 días, alcanzaron tierra firme, estaban al límite de sus fuerzas, hostigados por el hambre, la sed, el agotamiento, la congelación y con la angustiosa intuición de que a nadie se le ocurriría ir a buscarles en mitad de aquella desolación rocosa. Shackleton se preocupó por el estado de cada uno de sus hombres y empatizó con las necesidades de cada uno de ellos.

Después de algunos días de descanso y ante la inminente desmoralización de sus hombres, Shakleton apostó por la única posibilidad, aparentemente descabellada, que le quedaba: reforzar el *James Caird,* el más grande de los tres botes, e intentar alcanzar las esy auténtico del ser humano. El resultado será una vida más auténtica, en la que no nos perderemos los detalles y disfrutaremos de las pequeñas cosas que facilitan que los resultados sean extraordinarios. Por otro lado, el hecho de estar desconectado de las emociones significa que no notas qué está pasando a tu alrededor y no sabes cómo lidiar con ello. Como todos sabemos, lamentablemente, es fácil encontrar organizaciones en las que prima la razón por encima de las emociones.

Una organización liderada por personas excesivamente cerebrales tiene como resultado una empresa aburrida, inflexible y en la que la moral de las personas es baja. En cambio, si se disfruta de un equilibrio interior, se puede influir mejor en un equipo, conseguir un entorno rico en conocimiento, en energía, en información y se puede crear un espacio de trabajo agradable y divertido. Esto también quiere decir que, como líder, se tendrá más tiempo para las personas, se podrá estar más atento a las situaciones, podrás ponerte en el lugar del otro, aprenderás a conocer a las personas, sus miedos, motivaciones y alegrías, ayudarles a mejorar su potencial y lograr que ellas también se identifiquen contigo, con la organización y con todo lo que ella representa.

Hace años que se me quedó muy grabada una frase de Antoine de Saint Exupéry, el autor de *El principito:*

taciones balleneras, ubicadas en la isla de Georgia del Sur. Entre todos, organizaron el plan. Buscaron los materiales y crearon materias primas a partir de la sangre de foca para reforzar las maderas rescatadas del campamento. El *James Caird* zarpó el 24 de abril con Shakleton acompañado por cinco de sus hombres: el capitán del navío, Frank Worsley, el carpintero Henry McNish y los marineros Thomas Crean, John Vincent y Timothy McCarthy. Shackleton dejó a cargo de uno de sus hombres de confianza el cuidado del resto de las personas. La travesía, que duró diecisiete días, fue dramática. A pesar de la falta de sol que les impedía conocer su ubicación, el frío y la falta de alimentación que hacían estragos, la experiencia en la navegación le permitió recorrer 650 millas a través del océano hasta alcanzar Georgia del Sur. Cuando avistaron tierra se vieron sorprendidos por un huracán que duró nueve horas y que casi lanza al *James Caird* contra los acantilados. Por fin, lograron desembarcar, pero dos de sus hombres estuvieron a punto de morir y el bote quedó completamente inutilizado. Estaban en el lado opuesto de la isla. De nuevo, Shackleton apostó por la opción más dura: ir con dos de sus hombres de confianza y adentrarse en ese territorio sin cartografiar que se extendía hacia el interior, un paisaje sembrado de cimas y de precipicios. La travesía, de sólo treinta y cinco kilómetros, duró treinta y seis horas. En tres ocasiones ascendieron hacia un posible puerto por entre los elevados riscos para tener que retroceder al cerrarles el paso un precipicio.

Finalmente, los tres hombres se deslizaron por una pronunciada pendiente de quinientos metros. «Parecía que nos habíamos lanzado al vacío», escribiría Worsley más tarde. «Hubo un momento en que se me erizó el pelo, después y casi de improviso sentí calor y supe que estaba sonriendo, para ser más exacto me estaba divirtiendo con aquello...

«Si quieres construir un barco, no empieces por buscar madera, cortar tablas o distribuir el trabajo, sino que primero has de evocar en los hombres el anhelo por el mar».

Un líder debe pensar primero en las personas y luego en el negocio, porque un negocio sin personas no es viable.

Pensar primero en las personas quiere decir conectar con ellas, mostrar un genuino interés por ellas, evitar las etiquetas y las estructuras que no conducen a ninguna parte. También, uno debe esperar lo mejor de las personas, darles confianza, permitir errores, reconocerles, compartir la información, impregnar de personalidad el ambiente laboral y crear un entorno creativo y divertido.

En una organización todo el mundo es importante. Todas las personas tienen un universo para compartir; sólo necesitan el espacio y la confianza para ello. Cada persona tiene un equipaje cargado de talentos. Si, como un líder, consigue que las personas descubran su talento y se sientan bien consigo mismas, las hará exitosas y contribuirá positivamente a las personas y a la empresa. Tratar a cada persona como única, respetarla y ayudarla a descubrir su potencial es una clave importante del liderazgo.

Manuel Lara me comentó en una ocasión, de manera muy acertada: «No se deben

---

Grité con excitación y me percaté de que Shackleton y Crean también estaban gritando.»

Durante una de las paradas que hicieron durante la noche, los compañeros de Shackleton se quedaron dormidos. A los cinco minutos, los despertó y les dijo que habían dormido durante treinta. Cuando lograron alcanzar la estación ballenera Stromness sólo eran las sombras de aquellos hombres que diecisiete meses antes habían partido de aquella misma isla. Si hubieran pasado un solo día más a la intemperie no hubieran sobrevivido, ya que esa misma noche se produjo una violenta ventisca.

Ya a salvo, Shackleton intentó hasta cuatro veces rescatar a los restantes miembros del grupo que permanecían atrapados en Isla Elefante. En tres ocasiones el hielo le detuvo, pero el 30 de agosto de 1916 logró finalmente abrirse paso, 128 días después de que el *James Caird* iniciara su misión, se encontró con que todos habían sobrevivido. Sus hombres esperaron a Shackleton, soportando fuertes heladas, ventiscas, falta de agua y de alimentos. Confiaban en él.

«Éramos ricos en recuerdos», escribiría más tarde en su libro de memorias South. «Habíamos roto la capa externa de las cosas, sufrimos, pasamos hambre y triunfamos. Nos hallábamos casi de rodillas y, sin embargo, intentamos alcanzar una gloria que se había hecho incluso más grande ante lo grandioso del entorno. Habíamos visto a Dios en todo su esplendor. Habíamos escuchado el texto que va dictando la naturaleza. Habíamos llegado a desnudar el alma misma del ser humano.»[4]

---

[4] Adaptado del documental *Atrapados en el hielo,* de George Butler, y http://members.es.tripod.de/ecoweb/ant_exp_shackleton_1914a.htm.

adjudicar los logros a uno mismo, sino a las personas de un equipo, ellos son los que más trabajan. Hay que reconocerles el mérito, incluso en ausencia de ellos y no cuando están presentes. Cuando un empleado se entera de las opiniones que estás dando sobre él a otras personas, es una fuente importante de motivación. No sólo una retribución adecuada puede ser una motivación, también lo es el reconocimiento público que se recibe».

Un líder debe saber comunicarse y tener presente que las palabras adecuadas en el momento preciso dejan una huella importante en las personas y son determinantes para que éstas se desenvuelvan, encuentren su camino y sean arquitectos de su vida.

Mostrar apreciación hacia las personas, valorar positivamente su evolución, elogiar sus logros y reconocer su esfuerzo traerá como resultado una vinculación que determina la lealtad hacia la empresa.

Un líder debe conducir a las personas para mejorar aquellas conductas no deseadas en la organización, debe tener la habilidad de comunicarse y de persuadir, y debe dirigir sus críticas hacia los hechos y no hacia las personas. Como líder, ha de saber delegar e involucrar a la organización en los objetivos y en el logro de los resultados, sin intentar ser un sabelotodo. La delegación implica una comunicación efectiva, con instrucciones claras que expresen las expectativas que existen con respecto a lo delegado.

El liderazgo

Es el proceso de influir en las actividades que lleva a cabo una persona o un grupo para la consecución de una meta. El poder, a diferencia del liderazgo, es el potencial de influencia que desarrolla un líder, es el recurso que lo capacita para inducir a los seguidores a que cumplan con una tarea o un objetivo.[5]

El liderazgo también puede definirse como un sistema de acción que determina el rumbo de la organización, define el estilo de dirección, favorece la creación de equipos de alto desempeño, motiva, inspira y produce los cambios.

La gestión no es el liderazgo. La gestión se relaciona directamente con la planificación y organización de la empresa conforme el plan de negocio, con establecer políticas y procedimientos, con crear métodos y sistemas de control y hacer los ajustes que sean pertinentes.

Tanto la gestión como el liderazgo, aunque diferentes, son complementarios y un líder debe combinar ambos para conducir el éxito de la organización.

Para liderar debe existir un proyecto de empresa que sea creíble y compartido por toda la organización. Un líder debe definir el trayecto, las estrategias, los compañeros de viaje; debe compartir con ellos las responsabilidades y los objetivos, conocer sus necesidades y facilitar las condiciones para poder desarrollarse; debe tener visión de futuro, buscar un mercado para sus productos e innovar de manera continuada.

Muchos autores han identificado distintos estilos de dirección, que desde el punto de vista clásico pueden enmarcarse en tres: el autoritario, el participativo y el *laissez-faire* (dejar

---

[5] *Apuntes sobre Estilos de Dirección*, EADA.

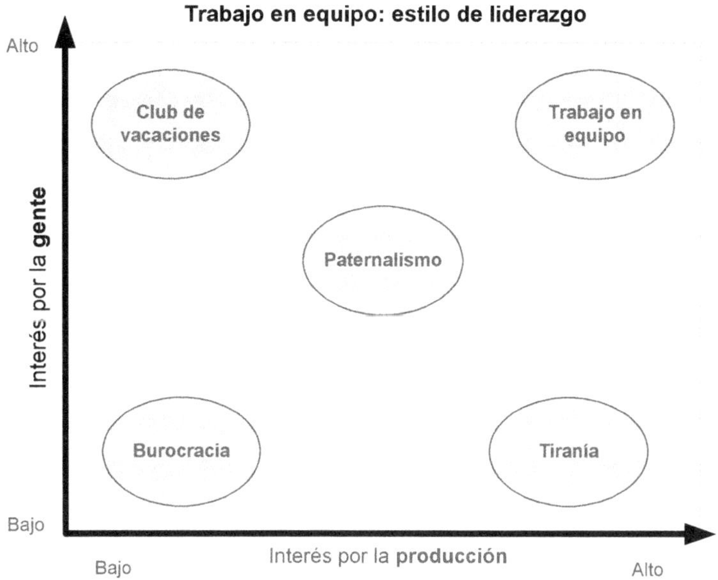

Figura 5.2.
Estilos de liderazgo.

hacer). Cada uno de ellos responde a la manera como se ponen en práctica los objetivos, las estrategias, etc., y la realidad es que han quedado anclados, totalmente desfasados.

Halpin y Winner describieron dos variables para identificar a los tipos de líder: los orientados a la tarea, y los orientados a las personas. Sobre esta base, Blake y Mouton elaboraron una tabla que permite definir el estilo de liderazgo de una organización (véase la figura 5.2).

Los estilos de liderazgo que se derivan de la tabla de Blake y Mouton son los siguientes:

- **Burocracia**
  En este estilo de liderazgo, la actitud de las personas es «sálvese quien pueda». Su interés es mantener su empleo y hará todo lo posible para ello.

- **Club de vacaciones**
  En éste, el líder no tiene conciencia de negocio. Los empleados se muestran muy relajados, mientras la empresa no es productiva, ni rentable.

- **Tiranía-autoritarismo**
  Aquí, lo importante son los resultados, no las personas. Las personas funcionan con miedo, con temor, los equipos tienen la moral muy baja.

- **Paternalismo**
  Éste es un estilo propio de pequeñas organizaciones. No promueve la participación de las personas. Las decisiones las toma el jefe y es el que tiene la potestad para premiar y castigar.

Gestor tradicional	*Líder contemporáneo*
Toma todas las decisiones importantes, resuelve los problemas del equipo, actúa como experto.	Comparte responsabilidades con los miembros del equipo, ayuda al equipo a resolver problemas.
Controla el flujo de trabajo: se responsabiliza de los resultados del trabajo en equipo.	Promueve el *self-management* y la responsabilidad, además de la dirección de tareas y procesos, dirige y mide su propio progreso y toma las medidas correctivas necesarias.
Da respuestas, desempeña un papel de «experto». Se apoya en las reglas.	Hace las preguntas adecuadas, ayuda a ser expertos a los que le reportan directamente. Articula y dirige los equipos de acuerdo con la visión y el conjunto de valores.
Valora la unanimidad-conformidad. Busca eliminar el conflicto. Es reactivo al cambio.	Valora las perspectivas diversas. Ve el conflicto como una oportunidad para generar sinergias y enriquecer el proceso de decisión. Es proactivo, inicia el cambio, lo entiende como necesario para la supervivencia organizada.
Se centra en tareas productos, y habilidades técnicas.	Se centra en procesos y en personas.
Pensamiento lineal, analítico.	Sistema de pensamiento no lineal y holístico.
Busca pericia funcional y especializada.	Pericia intercultural e interfuncional.
Se preocupa sólo de su área de responsabilidad.	Preocupado sobre el contjunto de la organización, intenta ser un buen socio con otros grupos de la empresa.
Fuertemente competitivo.	Fuertemente competitivo, pero asociado con proveedores, clientes y competidores.
Comprometido sólo con las operaciones domésticas.	Preparado para pensar en una escala global.
Antepone las necesidades de la organización a la de los empleados.	Piensa en las personas como el recurso más valioso de la organización, sabe que son difíciles de reemplazar.
Utiliza procesos funcionales y a corto plazo.	Utiliza procesos sistemáticos y a largo plazo.

Fuente: *Grow your own leaders,* Prentice Hall, 2002.

Tabla 5.2.
Características diferenciadoras de estilos de liderazgo.

* **Trabajo en equipo**

  Es el estilo de liderazgo más auténtico y más equilibrado, ya que se buscan los resultados, el rendimiento económico de la actividad empresarial, pero a partir del esfuerzo compartido y participativo de todo el equipo de personas.[6]

  A pesar de que hoy en día existan organizaciones cuyos estilos de liderazgo se enmarcan

---

[6] Adaptado del libro *Las 12 habilidades directivas clave,* Antonio Valls, Gestión 2000, 2002.

Se debe hacer un seguimiento, pero dejando que las propias personas se responsabilicen de la tarea delegada y se enfrenten a sus retos. De este modo, se construyen equipos sólidos, capaces de avanzar en una buena dirección y de resistir los cambios acelerados del entorno. El rol del líder debe ser el de facilitador, el de hacer fácil, placentero y efectivo el trabajo de las personas.

En resumen, un líder debe poseer una serie de competencias y cualidades que le permitan conducir su liderazgo en tres direcciones:

1. Autogestión

La autogestión implica poseer las cualidades indicadas a continuación:

- Autoconocimiento.
- Madurez y generosidad.
- Ética y honestidad.
- Satisfacción personal.
- Autenticidad y humanidad.
- Confianza y constancia.
- Actitud positiva.
- Flexibilidad.
- Automotivación.
- Orientación al logro.
- Capacidad de asumir riesgos.

La seriedad y la honestidad de una persona son cualidades muy importantes en cualquier líder y, sobre todo, en alguien que dirige una empresa cuyo servicio se basa en una promesa, como es el seguro.

---

en algunos tradicionales como la burocracia, la tiranía o el paternalismo, lo cierto es que la concepción del liderazgo está cambiando hacia una gestión más orientada a las personas, al trabajo en equipo.

En la tabla 5.2 se pueden apreciar las características que diferencian a un gestor tradicional de un líder contemporáneo.

Las características del líder contemporáneo son las que se ajustan a las demandas de un mercado más competitivo y cambiante. Con este estilo de liderazgo se consigue una organización de alto desempeño y se cumple uno de los mejores legados de todo líder: crear nuevos líderes.

2. Gestión de las personas

Para gestionar personas, el líder debe antes afianzar su propia dimensión personal para conectar con las personas mediante los siguientes factores:

- Empatía y asertividad.
- Trabajo en equipo.
- Capacidad para motivar e influir en los demás.
- Capacidad de previsión y de innovación.
- Flexibilidad y adaptabilidad.
- Comunicación efectiva.
- Capacidad de reconocer y premiar.
- Capacidad de delegar y de resolver conflictos.

3. Gestión del negocio

El liderazgo en la gestión del negocio es el resultado de la gestión personal y de las personas. Por tanto, ello implica:

- Visión de negocio.
- Asegurar la continuidad.
- Creación de una comunidad.
- Establecer vínculos, relaciones.
- Capacidad de negociación.
- Gestionar recursos.
- Orientación al cliente.

Merece ser recordada una frase del ilustre Ramón y Cajal, con la que estoy plenamente de acuerdo:

«Todo hombre, si se lo propone, puede ser el escultor de su propio cerebro».

Todos tenemos capacidades y competencias que podemos desarrollar mediante la constancia, la dedicación y el trabajo. Eso de que un «líder nace, no se hace» es una concepción errónea. La habilidad de liderazgo se puede aprender y se puede practicar.

Tom Peters escribió: «Los líderes no crean seguidores, crean líderes». Considero que el rol de un líder es estimular el talento de las personas para que ellas mismas puedan desarrollar su potencial y ser también líderes. Un líder debe influir, inspirar a las personas para llevar a cabo cosas que nunca pensaron que llegarían a hacer.

En un estudio elaborado por la Harvard Business School sobre los líderes carismáticos, se concluyó que el resultado de una organización es producto en un 10-20 % del rendimiento de la empresa, en un 30-45 % de la situación del sector y en un 35-60 % del impacto del factor humano.[7] Por tanto, hagamos crecer en nuestras organizaciones el talento de las personas.

Creo en la fuerza interior que subsiste en cada ser humano, una fuerza que es capaz de transformar, ilusionarse, emocionarse, avanzar hacia una buena dirección y luchar por conseguir mejores resultados. Las empresas están llenas de esta fuerza poderosa y los líderes deben dedicar tiempo a descubrir su dimensión en cada una de las personas con las que forman equipos.

Nunca se debe olvidar que el crecimiento de la empresa depende de las personas y que el crecimiento de las personas depende de la manera en que las inspiremos y las motivemos para que puedan moverse cuando actúan.

Quiero concluir estas reflexiones sobre liderazgo con este acertado comentario de Luis María Huete a propósito del tema que estoy tratando:

«Con suerte, una solitaria fantasía puede transformar completamente un millón de realidades. Se necesitan personas que con un buen dominio de los aspectos técnicos del negocio, sepan y quieran poner los aspectos creativos y emotivos en primer lugar. Se necesitan personas que hagan de la empresa una fiesta en la que se despierten ilusiones y se creen lazos de amistad, personas que vean el trabajo como una superación y como un medio de conquista de la plenitud humana. Hacen falta personas que hagan sentir a su equipo que la empresa no es ni sus edificios ni su cuenta de resultados. Para el cliente, los ojos y la cara de la empresa son los ojos y la cara de los empleados, y para los empleados los ojos y la cara de la empresa son sus directivos».

---

[7] *Searching for a Corporate Savior: The irrational quest for Charismatic CEOs,* Rakesh Khurana, Princenton University Press, 2002.

QUIÉN ES QUIÉN

Nombre	Empresas en las que ha colaborado	Posición actual-experiencia en seguros
Dalila Martínez de Lahoz	Correduría de seguros	Presidente de Sol Seguros
Manuel Lara	Consultoría, sector financiero	Ex administrador del Banco de Reservas de República Dominicana
Leonor Rivas	Compañía Nacional de Seguros Seguros Banreservas	Asistente del vicepresidente ejecutivo de Sol Seguros (siete años de experiencia en seguros).
Juan José Guerrero	Seguros La Antillana Compañía Nacional de Seguros Seguros Banreservas	Vicepresidente de Negocios de Sol Seguros (diecisiete años de experiencia en seguros).
Juan Carlos Contín	Universal-América Seguros Banreservas	Director de Ventas y Banca Seguros de Sol Seguros
Ceila Medina	Bancrédito Bancredicard Seguros Banreservas	Directora de Recursos Humanos de Sol Seguros (cinco años de experiencia en seguros y quince en recursos humanos).
César Herasme	Intercontinental de Seguros Seguros Banreservas	Oficial de Suscripción de Seguros Generales en Sol Seguros (siete años de experiencia en el área técnica de seguros).
Luis Torres	Magna, Segna, Seguros Banreservas	Director de Reclamaciones de Sol Seguros (veintidós años de experiencia en seguros).
Ludín Santana	AFP Banreservas AFP Popular	Gerente de Ventas de Sol Seguros (cinco años de experiencia en el sector financiero, AFP).
Xiomara Iglesias	Compañía Nacional de Seguros Seguros Banreservas	Directora de Reaseguros de Sol Seguros (veintiun años de experiencia en reaseguros).
Aida Ruiz	Compañía Nacional de Seguros Seguros Banreservas	Directora de Suscripción de Seguros Generales (veintiocho años de experiencia en seguros).
Odalis Rodríguez	Compañía Nacional de Seguros Seguros Banreservas	Oficial de Suscripción de Sol Seguros (quince años de experiencia en seguros).
Evelio Martinez	Compañía Nacional de Seguros SIR Ajustadores	Presidente de SIR (dieciocho años de experiencia en seguros).
Raúl Parra	Compañía Nacional de Seguros Corredor de Seguros	Presidente de Servicios Gerenciales Correduría de Seguros (dieciocho años de experiencia en seguros).

Reaseguradores

Nombre	Empresas en las que ha colaborado	Posición actual-experiencia en seguros
Julie Larido	Guy Carpenter	Managing director
Bruno Krenboeck	Suiza de Reaseguros	Client market director

Tabla 5.2. Personas relacionadas con la experiencia de gestión descrita en esta obra.

Bibliografía

40 años de economía dominicana. Carlos Despradel. Editora Búho, Santo Domingo, 2005.

Administración estratégica. Un enfoque integrado. Charles L. Hill y Garcth R. Jones. McGraw Hill Internacional, 2002.

Cadoar Informativo. Publicación de la Cámara Dominicana de Aseguradores y Reaseguradores:
- Año 3, núm. 8, noviembre de 1998.
- Año 4, núm. 10, junio de 1999.
- Año 5, núm. 15, octubre de 2001.
- Año 5, núm. 16, enero de 2002.
- Año 6, núm. 13, 2001.
- Año 6, núm. 13, enero de 2001.
- Año 7, núm. 17, abril de 2002.
- Año 7, núm. 17, noviembre de 2002.
- Año 8, núm. 20, octubre de 2003.
- Año 9, núm. 22, septiembre de 2005.
- Año 10, núm. 23, mayo de 2006.
- Año 10, núm. 24, agosto de 2006.

Clienting. Marketing y servicios para rentabilizar la lealtad. Luis María Huete y Andrés Pérez. Ediciones Deusto y Tibidabo Ediciones, SA, Barcelona, 2003.

Economía pública dominicana. Fernando Pellerano Morilla. Editora Búho, Santo Domingo, 2006.

El encanto de Hamelín. Secretos del liderazgo efectivo. Mercè Sala Schnorkowski. Alienta Editorial, Barcelona, 2006.

El plan de marketing en la práctica. José María Sáinz de Vicunya Ancín. Editorial ESIC, Madrid, 2003.

El trabajo en equipo. Ventajas y dificultades. Jon R. Katzenbach (Compilador). Ediciones Granica, Barcelona, 2003.

Elementos del seguro. Colecciones Temas de Seguro. Editorial Mapfre, Madrid, 1977.

¡Escúchame! Soy tu cliente. Ron Willingham. Prentice. Hall Hispanoamericana, México, 1996.

Estadísticas de los seguros privados en República Dominicana, 1983-1984, 1986-1987, 1989, 1990. Superintendencia de Seguros, Departamento de Análisis y Estadísticas, Santo Domingo, 1983, 1986, 1989, 1990.

Fit for professional underwritting Non life. Apuntes curso Centro Suizo de Formación Aseguradora (SITC). Suiza de Reaseguros, Suiza, 1996.

Gerencia de Riesgos y Seguros, año XVIII, núm. 75, 3.er trimestre 2001, Fundación Mapfre Estudios, Madrid.

Gerencia de Riesgos y Seguros, año XIX, núm. 77, 1.er trimestre 2002, Fundación Mapfre Estudios, Madrid.

Informe a la Nación. Un banco en marcha. Banco de Reservas de la República Dominicana, Memoria 2000-2004.

Informe de la Economía Dominicana. Banco Central de la República Dominicana, enero-diciembre 2006, marzo 2007, Santo Domingo.

Las 12 habilidades directivas clave. Antonio Valls. Ediciones Gestión 2000, Barcelona 2002.

Legislación del seguro y afines en República Dominicana. Ana Marina Méndez, Alejandro Quezada, Isidro Germán y Elida Jiménez Victorio. Editora Amigos del Hogar, Santo Domingo, 2002.

Memoria anual 2004. Seguros Banreservas, Santo Domingo, 2005

Searching for a Corporate Savior: The irrational quest for Charismatic CEOs, Rakesh Khurana. Princenton University Press, 2002.

Secretaría de Estado de Finanzas. Superintendencia de Seguros. *Boletín Estadístico 2001-2000.* Santo Domingo, mayo de 2002.

Secretaría de Estado de Trabajo, Consejo Nacional de Seguridad Social. Ley 87-01 que crea el Sistema Dominicano de Seguridad Social, Santo Domingo, 2001.

Servicios y beneficios. La fidelización de clientes y empleados. La inteligencia emocional en los negocios. Luis María Huete con la colaboración de Juan Serrano e Íñigo Soler. Ediciones Deusto, Barcelona, 2003.

Revista *Sigma,* «Las calificaciones de las compañías de seguros», núm. 4, 2003, Suiza de Reaseguros, Suiza.

Revista *Superseguros informa:*

    – Año 9, núm. 18, junio de 2006.

    – Núm. 15, octubre de 2003.

    – Año 4, núm. 13, diciembre de 2001.

    – Año 8, núm. 17, agosto de 2005.

    – Año 5, núm. 13, abril de 2002.

Simón Mahfoud

Simón Mahfoud Miguel nació el 17 de marzo de 1958 en Santo Domingo (República Dominicana). Está casado y es padre de un hijo y una hija.

Antes de su posición actual, como vicepresidente ejecutivo de Sol Seguros, SA, ocupó los siguientes puestos de responsabilidad:

- 2002-2004. Vicepresidente ejecutivo de Seguros Banreservas.
- 2003-2004. Presidente de la Cámara Dominicana de Aseguradores y Reaseguradores (Cadoar).
- 2000-2002. Vicepresidente ejecutivo de la Compañía Nacional de Seguros, CxA.
- 1993-2000. Primer vicepresidente de Seguros Generales de la Compañía Nacional de Seguros, CxA.
- 1991-1993. Segundo vicepresidente de Seguros Generales de la Compañía Nacional de Seguros, CxA.
- 1990-1991. Director del departamento de Ingeniería de la Compañía Nacional de Seguros, CxA.
- 1987-1990. Subdirector del departamento de Ingeniería de la Compañía Nacional de Seguros, CxA.
- 1983-1986. Ingeniero inspector de riesgos de la Compañía Nacional de Seguros, CxA.

Respecto a su formación, ha estado enfocada hacia la gestión y la especialización en el sector de los seguros:

- Suiza de Reaseguros (Caracas, Venezuela), Ramos técnicos de seguros.
- Tela Versicherung (Munich, Alemania), Prevención de siniestros, criminalidad informática, seguro de radio y televisión.

- Muenchener Ruck (Alemania), Capacitación en los ramos técnicos del seguro (1990 y 1992).
- Suiza de Reaseguros (Caracas, Venezuela), Lucro cesante en el ramo de ingeniería.
- Asociación Panamericana de Fianzas, IX Seminario de Fianzas.
- Centro Suizo de Formación Aseguradora, Seguros, Reaseguros, Administración de riesgos y gestión empresarial (1994).
- Fundación Mapfre Estudios, seminario sobre «Dirección y toma de decisiones en entidades aseguradoras» (Bugampa) (1996).
- INESE, curso de Alta Dirección de Empresas de Seguros para Ejecutivos Latinoamericanos (1999/2000).
- The Sistema Group, Executive Seminal for Total Quality Management (2000).
- Cámara Dominicana de Aseguradores y Reaseguradores, Inc., Análisis e interpretaciones de los estados financieros de compañías aseguradoras (2000).
- Swiss Re Life & Health, Seminario Encuentro Latinoamericano, Productos financieros y gestión activos pasivos, organizado por la Compañía Suiza de Reaseguros (2000).
- Universidad Autónoma de Santo Domingo, título de grado: Ingeniero electromecánico.

Digna Peña

Digna Peña Tejeda (Karla) nació el 10 de marzo de 1972 en Santo Domingo (República Dominicana).

Su formación se ha dirigido particularmente hacia la gestión de organizaciones y se ha especializado en sistemas de gestión de la calidad:

- Master en dirección de empresas (MBA), Eada, Barcelona.
- Master en Gestión de la Calidad, Universitat Oberta de Catalunya, Barcelona.
- Gerencia de Marketing de Servicios, Incae.
- Licenciada en Administración de Empresas *(Summa Cum Laude),* Universidad Católica de Santo Domingo.

Durante su trayectoria profesional ha ocupado puestos de responsabilidad vinculados con el *marketing,* la gestión de la calidad y la consultoría técnica y de empresas en distintos sectores de actividad: seguros, distribución *(retail) en* alimentación y telecomunicaciones, consultoría y externalización de los servicios *(outsourcing).*

En cuanto a sus áreas de conocimiento, éstas se centran en:

- Gestión de clientes en servicios.
- Técnicas de calidad y mejora continua.
- Auditorias de sistemas de calidad y certificación basada en las normas ISO.
- Gestión de la calidad en la externalización de los servicios.
- Gestión basada en procesos *(business process management).*
- Gestión de proyectos de negocio *(project management).*
- Sistemas retributivos basados en la productividad y la calidad *(activity base costing).*

Crédito documentario. Guía para el éxito en su gestión
Cristina Peña Andrés, Amelia de Andrés Leal

Guía práctica de las reglas Incoterms® 2010
David Soler

Certificación Lean Six Sigma Green Belt para la excelencia en los negocios
Lean Six Sigma Institute, SC

Certificación Lean Six Sigma Yellow Belt para la excelencia en los negocios
Lean Six Sigma Institute, SC

Negociación intercultural. Estrategias y técnicas de negociación internacional
Domingo Cabeza, Pelayo Corella, Carlos Jiménez

Las reglas Incoterms® 2010. Manual para usarlas con eficacia
Alfonso Cabrera Cánovas

Regímenes aduaneros económicos y procesos logísticos en el comercio internacional
Pedro Coll

Inglés náutico normalizado para las comunicaciones marítimas
José Manuel Díaz Pérez

Shipping & Commercial Case Law
Albert Badia

Gestión medioambiental en la industria
José M.ª Suris

Gestión financiera del comercio internacional
Josep M.ª Casadejús

Personalización masiva
Blas Gómez

Manual de gestión aduanera. Normativas del comercio internacional y modelos de integración económica
Pedro Coll

Los abordajes en la mar
Carlos F. Salinas

El desorden sanitario tiene cura. Desde la seguridad del paciente hasta la sostenibilidad del sistema sanitario con la gestión por procesos
Rajaram Govindarajan

Gestión y liderazgo en una empresa de seguros
Simón Mahfoud y Digna Peña

Avda. Alcalde Moix, 28 – 08207 Sabadell (Barcelona) – Tel. +34-931 429 486 – marge@margebooks.es – www.margebooks.es